中等职业学校酒店服务与管理类规

KEFANG FUWU

客房服务

赵 历 主 编

孙建辉 副主编

清华大学出版社

北 京

内 容 简 介

"客房服务"是酒店服务与管理专业的专业课之一,客房部服务的质量在酒店运营中起着十分重要的作用。随着中国旅游业的发展,客房服务更加注重客人需求的满意程度,不仅要加强客房的硬件设施建设,更要突出其软件建设,即为客人提供个性化的服务。本书借鉴了行业实际需求及学校教学两方面的经验,力求将理论与实践密切结合,以使学习者具备扎实的专业理论知识,同时又具备实践操作、应变处理的实际工作能力。本书涵盖了客房服务前的准备工作、清洁客房、对客服务、客房设施设备的清洁保养及客房安全等方面的内容。

本书既可作为中等职业学校酒店服务与管理专业的教材,也可作为客房岗位工作的指导用书。

图书在版编目(CIP)数据

客房服务/赵历 主编,孙建辉 副主编.—北京:清华大学出版社,2011.10(2019.3 重印)
(中等职业学校酒店服务与管理类规划教材)
ISBN 978-7-302-26871-0

Ⅰ. 客… Ⅱ. 赵… Ⅲ. 客房—商业服务—中等专业学校—教材 Ⅳ. F719.2

中国版本图书馆 CIP 数据核字(2011)第 191563 号

责任编辑:李万红 王燊娉
封面设计:赵晋锋
版式设计:孔祥峰
责任校对:胡花蕾
责任印制:李红英

出版发行:清华大学出版社
    网 址:http://www.tup.com.cn,http://www.wqbook.com
    地 址:北京清华大学学研大厦 A 座   邮 编:100084
    社 总 机:010-62770175   邮 购:010-62786544
    投稿与读者服务:010-62776969,c-service@tup.tsinghua.edu.cn
    质 量 反 馈:010-62772015,zhiliang@tup.tsinghua.edu.cn
印 刷 者:北京鑫丰华彩印有限公司
装 订 者:三河市溧源装订厂
经 销:全国新华书店
开 本:185mm×260mm 印 张:7.5 字 数:178 千字
版 次:2011 年 10 月第 1 版   印 次:2019 年 3 月第 5 次印刷
定 价:49.00 元

产品编号:040753-02

丛书编委会

当前，国家把职业教育提升到突出的战略高度，一系列政策措施的出台，以及不断加大的对职业教育的投入和资金支持，推动我国职业教育迎来了发展的新高潮。新的历史阶段，《国家中长期教育改革和发展规划纲要》(2010—2020)适时地把提高质量作为职业教育改革和发展的重点。教学模式、教学内容和教学方法的创新成为学校层面教育实践中的新内涵。整理、总结和推广名校、名师的教育教学经验是深化教育改革和提升职教吸引力的一件大事。教材作为教育教学的载体，其改革和创新势在必行。

由北京市外事学校发起、主持，并联合北京教育学院朝阳分院、北京市劲松职业高中、北京国际职业学校、北京市商务管理学校、北京水利水电学校、北京商贸学校、延庆县第一职业学校、北京怀柔区职业学校、北京黄庄职业高中、密云县职业学校、北京市宣武区第一职业学校、北京振华旅游学校和上海市商贸旅游学校等多所学校，与清华大学出版社联手推出了本套《中等职业学校酒店服务与管理类规划教材》。众所周知，酒店业是当今世界发展迅猛的行业之一，其产业规模不断扩大、集团化建设不断发展、标准化管理不断完善、产品服务不断延伸，随之而来的是酒店业用人需求旺盛，而对其从业人员的职业素养要求也越来越高。本套教材着眼于市场需求，力求推陈出新，以满足中等职业学校酒店服务与管理专业的人才培养需要，充分发挥职业教育服务经济社会发展的职能。

我国战国时期著名的思想家和教育家墨子早在两千多年前针对人才培养的问题就曾提出过"兼士"的概念，从"厚乎德行""辩乎言谈""博乎道术"3个方面分别阐述了教育的目的，其强调内在品质、德智并重、全面发展的态度与当代教育注重学生的全面发展是一致的。《中华人民共和国国民经济和社会发展第十二个五年规划纲要》中提及教育改革发展时强调，要遵循教育规律和学生身心发展规律，坚持德育为先、能力为重，改革教学内容、方法和评价制度，促进学生德智体美劳全面发展。古往今来，人才培养过程中对"德"的重视是一贯的。现实中，无论是职业领域的教育者还是行业企业的用工者，甚或是家长和学生本人，无不切实感受到中职学生的培养问题首先是"做人"的问题。单纯强调技能的训练是远远不够的，在学会"做人"的基础上才能更好地"做事"。遵循着这样的教育思想和理念，本套教材在编写过程中，强调在专业课教学中对学生职业道德的培养，通过任务驱动来完成单元的学习与体验，让学生在完成工作任务的过程中逐步形成职业意识和规范，提升其职业素养。

本套教材参编学校地处北京和上海这样的大都市，与国内很多一流的五星或超五星级酒店均有专业实践和校本课程开发等多领域、多层次的合作。在编写过程中，聘请了酒店业内人士全程跟踪指导，以企业岗位需求为出发点，通过设置真实的或准工作情境，使学生的学习过程依照工作过程展开，促进学生的情感体验，激发学生的求知欲，以逐渐培养系统的职业能力。同时，课程体系与以往同类教材有一定区别，突出了酒店业新的岗位需求，编写时所选取的教学内容力争处于国内领先水平，具有一定的前瞻性。

近年来北京、上海两地的中等职业学校在功能定位上突出学历教育与职业培训并重，因此，编者中大部分老师除常规教学外同时还具备为酒店员工进行职业培训的经验。本套教材参与编写的老师们均来自中等职业学校酒店服务与管理专业的一线骨干教师。尤为难能可贵的是，很多老师具有高端酒店企业实践及国家高端活动礼仪服务的经历，真正将"双师型"落在了实处。还有相当一部分具有在德国、瑞士、荷兰、澳大利亚等国家参加职业教育课程开发、职业培训课程开发、酒店管理课程学习的培训和访学经历的老师，他们为教材的编写提供了本专业国际最前沿的资讯。经过一年多的努力，编委会的老师们集团队的智慧，呕心沥血，通力合作，为中职教育奉献了这一成果。

总之，本套教材是编者在总结以往经验的基础上精心打造而成的，希望通过总结名师的教育教学经验和先进理念，在教育实践层面为中职教育的发展尽绵薄之力。编写过程中得到了国内知名教育专家和企业专家的倾力支持，教育专家的指导提升了本教材的理论高度，企业专家为教材的编写提供了鲜活的案例和实践指导，突出了行业特色和职业特点。本套教材适合作为中等职业学校酒店服务与管理专业的教材，也可供相关培训单位选作参考用书，对旅游业和其他服务性行业人员也有一定的参考价值。

本套教材肯定还存有遗憾和不足之处，敬请各位专家、同行、同学和对本专业领域感兴趣的学习者提出宝贵意见。

2011 年 5 月

"客房服务"是酒店服务与管理专业的专业课之一。客房部服务的质量在酒店运营中起着十分重要的作用，酒店的大部分收入来源于客房部。随着中国旅游业的发展，客房服务更加注重客人需求的满意程度，不仅要加强客房的硬件设施建设，更要突出其软件建设，即为客人提供个性化的服务。

本书编者均为多年从事客房服务教学工作的老师，积累了相当丰富的教学经验，并在行业专家的指导下，以客房服务的实际工作为出发点，对应掌握的专业知识和服务技能进行了系统的总结和深入的解析。本书借鉴了行业实际需求及学校教学两方面的经验，力求将理论与实践密切结合，以使学习者具备扎实的专业理论知识，同时又具备实践操作、应变处理的实际工作能力。本书既可作为中等职业学校酒店服务与管理专业的教材，也可作为客房岗位工作的指导用书。

本书分为 5 个单元。其中每个单元都依据工作中的实际情况设置了多项任务，每个任务下配备相应的活动内容，活动内容则以信息页及任务单为主线将理论知识及实践操作内容。本书涵盖了客房服务前的准备工作、清洁客房、对客服务、客房设施设备的清洁保养及客房安全等方面的内容。

本书具有如下特点：

1. 以活动形式出现，内容生动活泼，更贴近学习者的实际需求；

2. 在每个信息页中始终贯穿理论与实践相结合的环节；

3. 贴近实际工作情境，侧重有效解决实际工作中遇到的问题；

4. 评价体系全面，建立学生与学生、学生与老师间的互动效应。

本书由赵历老师担任主编，负责全书的统稿与修编，由孙建辉老师担任副主编。参与本书编写的还有吕钢老师、赵晓瑾老师、缐文华老师、李敏老师、张昕老师等。在所有老师及专家的倾力配合与支持下，本书才得以顺利完成。

在本书编写过程中，北京外事学校的汪珊珊老师给予了许多帮助与指导，并提供了不少宝贵意见和建议，谨此深表感谢！

热切期望广大师生能对本书中出现的纰漏或不妥之处给予批评和指正，以使本书更加完善！

编　者
2011 年 6 月

目 录

客房服务员进行客房服务前要做好充分的准备工作，这主要是为了保证客房清洁的质量，提高工作效率，给客人创造一个温馨、安宁、舒适的居住环境。本单元主要设置了到岗前和到岗后的准备工作两个学习任务，主要内容有酒店仪容仪表要求、班前会、整理工作车等具体要求及工作流程安排。希望能够通过本单元的学习，进一步了解客房服务前的准备工作和具体内容，丰富客房服务的相关知识与技能，学会岗前自查、备好服务用品和服务用具、做好服务前的准备工作、养成良好的职业行为习惯。

单元一

客房服务前的准备工作

任务一 到岗前的准备工作

工作情境

　　一个阳光明媚的早晨，客房服务员小李，迎来了新一天的客房服务工作。为了保证客房清洁整齐，满足客人生活、工作的需要，你知道小李要从哪些方面做好岗前准备工作吗？

具体工作任务

➤ 能够按照酒店要求做好岗前准备工作；

➤ 按要求完成任务单内容；

➤ 能够根据所学知识完成实训练习。

活动一 岗前仪容仪表的准备

　　客房服务员小李到酒店后首先来到了更衣室，要做的是自身的准备工作，你知道小李进行哪些项目的自身准备工作吗？

信息页一 酒店对仪容仪表的要求

一、对制服或工作服的要求

(1) 工作时间只能穿酒店发放的制服或工作服。

(2) 制服要保持干净、整洁、裤线整齐，凡出现有污迹、开线、缺扣子等现象时要立即更换。

(3) 制服外衣的衣袖、衣领处以及制服衬衣领口处不得显露个人衣物；内衣下摆不得露在制服外面。除工作需要外，制服口袋内不得放置其他物品。

(4) 在岗期间纽扣要全部扣好。穿西装制服时，不论男女，第一颗纽扣必须扣好，不得敞开外衣；制服袖口、裤脚不能卷起来。

(5) 在规定的制服换洗日，一定要换洗制服或工作服。

(6) 检查洗好的工作服有无需要缝补的地方。

(7) 要负责任地保管好制服或工作服，挂(叠)好后再放进更衣柜。

(8) 只许穿着酒店发放的统一样式的衬衣。

(9) 注意保持衬衣的清洁，每天上岗前必须更换干净的衬衣。

(10) 袜子要保持清洁、每天换洗。男服务员穿黑色或与鞋子颜色和谐的袜子。女服务员穿与肤色相同或岗位制服所要求颜色的袜子；穿短裙的女士要穿长筒袜，并且穿长筒袜时一定要贴紧，不得显出松散要掉的样子；不得穿跳丝或有洞的袜子。

(11) 皮鞋上岗前要擦拭干净、光亮；布鞋要经常洗刷。工作鞋只准穿酒店发放的统一样式的。

二、对佩戴胸牌的要求

上岗前必须佩戴胸牌。名牌戴在左胸部，注意要佩戴正。员工佩戴胸牌既便于客人监督，又可以增强服务员的岗位意识。

三、对仪容的要求

(1) 男服务员不得留长发或蓬松的发式，不得留大鬓角，头发两侧不得遮住耳朵，后面不得盖住衣领。

(2) 女服务员头发过领口应扎起，严禁披头散发，额前刘海不得压眉，不得让头发遮住脸。

(3) 上岗前不得使用刺激味较大的发胶、发乳及头油等。

(4) 头发要保持清洁，注意有无脱发落在制服上。

(5) 男服务员不准留胡须，上班前必须刮净。

(6) 应勤洗手、剪指甲，所有指甲均不得超出指端，保持手部的清洁。女服务员不得涂抹有色指甲油。

(7) 早晚要刷牙以防止口臭，要经常漱口，特别是饭后。上班前不得食用有刺激味的食品(如：葱、蒜等)。

(8) 上班前 3 小时不得饮酒，并严禁带酒味上岗。

(9) 要勤洗澡，勤换衣，身体无异味。

(10) 女服务员要淡妆上岗，但不得化浓妆，不得使用浓味化妆品。

(11) 工作时不得戴耳环、项链、手镯等华丽显眼的饰品。

知识链接　客房服务的意义

(1) 搞好饭店的清洁卫生，为客人提供舒适的环境。清洁卫生在饭店的经营管理中具有特殊的意义，它是饭店商品使用价值和服务质量优劣的重要标志。饭店的良好氛围，舒适、美观和整洁的环境，都要靠客房部职工的辛勤劳动来实现。客房部负责饭店绝大部分区域的清洁卫生工作，所以，搞好清洁卫生，切实提高服务质量，是客房部的重要任务。

(2) 做好客房接待服务，保障客人拥有舒适的居住环境。客人在饭店里生活的主要场所和停留时间最长的是客房。

(3) 降低客房费用，确保客房正常运转。

(4) 协调与其他部门的关系，保证客房服务需要。

(5) 配合前厅部销售，提高客房利用率。

任务单一 强化具体要求

一、利用所学知识判断对错。(在括号里对的画"√"，错的画"×")

1. 员工在上班时间可以吃带有异味的食品。 （　　）
2. 工作时间只能穿酒店发放的制服或工作服。 （　　）
3. 男服务员穿黑色或与鞋子颜色和谐的袜子。 （　　）
4. 上岗前必须佩戴胸牌。名牌戴在右胸部，注意要佩戴正。（　　）
5. 工作时可以戴耳环、项链、手镯等华丽显眼的饰品。（　　）

二、在下列工作内容中选出岗前仪容仪表的准备工作。(在选中内容前的括号里画"√")

（　　）1. 按要求着装。
（　　）2. 按要求和规范做好环境卫生。
（　　）3. 备好吸尘器。
（　　）4. 签领钥匙和呼机。
（　　）5. 女士化淡妆。
（　　）6. 签名报到。
（　　）7. 下班可以穿工服回家。
（　　）8. 接受任务。
（　　）9. 以站立的姿态恭候客人光临。

信息页二 仪容仪表的检查标准

检查仪容仪表，可参考以下标准，具体如表 1-1-1 所示。

表 1-1-1　仪容仪表检查标准

检查项目	具体标准	检查效果		
		符合规范	基本符合	极少符合
着装	1. 工作服干净整洁无褶皱 2. 丝袜无破洞或跳丝 3. 皮鞋或布鞋，光亮清洁			
仪容	1. 面部清洁，口腔无异味 2. 女服务员化淡妆 3. 男服务员不留长发，女服务员不梳披肩发 4. 指甲剪短，不涂指甲油			
名牌饰品	1. 名牌戴在左胸上方，工作时间不得佩戴饰品 2. 若戴发卡、头花，应一律选用黑色			
神情面貌	1. 面带微笑 2. 站姿端庄，精神饱满			

注：检查后应提示需要改进的方面。

知识链接 客房服务员工作表

客房服务员工作表是以书面形式分配给客房服务员的任务，一般会注明服务员姓名、当班楼层、负责打扫的客房、当日的客房状况、特殊要求和当日的其他工作任务等。工作时必须认真填写工作表，字迹要清楚，不得有涂改现象；并要认真保管工作表，不得损坏或丢失。

任务单二 熟悉检查标准

一、查资料。

通过到企业调查、上网等多种学习途径了解客房服务员岗前准备工作都有哪些具体内容和工作环节。

二、根据学习内容进行实训练习，以个人自查和小组互查的形式检查仪容仪表是否符合行业规范要求。

工 作 流 程	具 体 标 准	操 作 效 果	
		自　　查	互　　查
更换工服	1. 按规定穿好工作服 2. 按规定穿好丝袜，不得有破洞或跳丝 3. 按规定穿好皮鞋或布鞋，保持清洁		
整理仪容	1. 检查个人卫生，保持面部清洁，注意口腔卫生 2. 女服务员应化淡妆，不可浓妆艳抹 3. 男服务员不留长发，女服务员不梳披肩发 4. 指甲剪短，不涂指甲油		
佩戴名牌	1. 名牌戴在左胸上方，易于辨认，工作时间不得佩戴饰品 2. 若戴发卡、头花，应一律选用黑色		
调整神态	1. 着装检查完毕后，在走出更衣室前，面对更衣镜检查自己的微笑 2. 调整心态，上班前要有一个良好的精神面貌，面带微笑最重要		
提前到岗	1. 提前 5 分钟到岗，签到 2. 接受领班或主管分配的工作		

活动二　班前例会

客房服务员小李更换了工服、着淡妆、精神饱满地来到客房服务中心，签到后等待参加班前例会，并接受当班领导的检查和当天的工作任务。

信息页 班前例会规范

(1) 接受检查：更衣后到指定地点，接受值班经理或主管的检查。
(2) 签到，如表 1-1-2 所示。

表 1-1-2　客房部员工签到表

日期：　　　年　　　月　　　日

白班	经理：
	主管：
	领班：
	员工：

中班	经理：
	主管：
	领班：
	员工：

| 夜班 | 值班领导： |
| | 员工： |

(3) 布置任务：由值班经理或主管总结前日工作情况，并布置口头或书面的具体工作安排。

(4) 由值班经理或主管强调当天的注意事项，如表 1-1-3 所示。

表 1-1-3 楼层当日事项登记表

交 接 项 目	交 接 内 容	备　注

当班主管：　　　　　　　　　　　　　　　当班服务员：

(5) 领取钥匙和对讲机等工作物品，如表 1-1-4 和表 1-1-5 所示。

表 1-1-4 客房部各楼层万能钥匙交接表

楼　层	领用时间	领用人	发放人	归还时间	归还人	接受人	备　注

统计备用：　　　　　交接时间：　　　　　固定数：　　　　　实际数：

万能钥匙：　　　　　白班时间：　　　　　开门卡：　把　　　开门卡：　把

交接数量：　　　　　晚班时间：　　　　　封门卡：　把　　　封门卡：　把

表 1-1-5 工作钥匙收发登记表

钥 匙 名 称 (号码)	领 取 时 间				领用人 签名	发放人 签名	归 还 时 间				接收人 姓名
	月	日	时	分			月	日	时	分	

(6) 客房状态登记表(Room Attendant Form)，如表 1-1-6 所示。

表 1-1-6　客房状态登记表

楼层：　　　　　服务员姓名：　　　　　日期：　　　　　班次：

房　　号	房　　态	进 房 时 间	出 房 时 间	备　　注

注：OCC，住客房；　　CO，走客房；　　VD，离店房未清洁；　　OOO，待修房；　　VC，干净空房；

ED，预计离店；　DND，请勿打扰；　SO，外宿；　　　LB，轻行李；　　　NB，无行李。

知识链接　　对讲机使用制度

(1) 使用对讲机时应严肃认真，通话须简明扼要，注重礼貌用语，不讲与业务工作无关的事，不可使用对讲机聊天。

(2) 服务员上班时应打开对讲机电源开关，随时准备接收呼叫，下班时应立即关闭。

(3) 对服务中心的呼叫，应立即回话，服从调度，不得故意不回答，违者应给予适当处罚。

(4) 在服务过程中，如发生意外，应即刻向客房服务中心报告，请示处理办法。

(5) 爱护对讲机，不得将对讲机互换或外借，应妥善保管，损坏或丢失要追查原因，如因失职损坏或丢失对讲机须按价赔偿。

任务单　班前例会实训

一、调查与收集。

通过到企业调查、上网等多种学习途径，了解客房服务员岗前准备工作都有哪些具体内容。

二、在下列工作内容中选出属于班前例会的工作内容。(在选中内容前的括号里画"√")

(　　) 1. 按要求着装上岗。

(　　) 2. 总结前日工作情况及出现的问题。

(　　) 3. 备好吸尘器。

(　　) 4. 布置当日工作内容，工作重点。

(　　) 5. 强调每天的注意事项。

(　　) 6. 专业知识与对客服务英语的检查与培训。

三、以小组为单位进行班前例会实训，熟悉班前例会的具体内容。

班前例会项目	标准及要求	模拟班前例会效果		
		符合规范	基本符合	极少符合
1．检查仪容仪表	符合客房服务员仪容仪表的要求			
2．总结前日工作情况及出现的问题	总结明确，问题明了			
3．布置当日的工作内容和工作重点	当日工作布置合理，分工明确			
4．进行专业知识与对客服务英语的检查与培训	专业知识及对客英语检查培训有针对性			
5．强调当天的注意事项	提示当天的注意事项，清晰明了			

任务评价

学习目标		评价内容	组内互评			组间互评			教师评价		
			😀	🙂	🙁	😀	🙂	🙁	😀	🙂	🙁
知识	应知应会	1．仪表仪容检查									
		2．班前例会模拟									
		3．规范领取钥匙和呼机										
专业能力	能熟练完成班前准备工作	1．能够规范进房										
		2．能够规范完成清扫工作										
运作能力	组织能力											
	合作能力											
	解决问题能力											
	自我调节能力											
	创新能力											
态度	真心实意，主动热情有问必答，通力合作											
评价总结												
改进方法												

任务二　清扫工作前的准备工作

　　客房服务员小李，完成了岗前准备工作，按照分配的工作任务来到了12层的楼层工作间。为了保证客房服务质量，快速地清洁整理客房，客房服务员小李正进行着清扫前的准备工作。

具体工作任务

➤ 能够完成客房用品的领取工作；

➤ 能够完成整理工作车的操作；

➤ 按要求完成任务单的内容。

活动一　确认工作信息

　　在班前例会上，接受了客房工作任务后，要根据工作任务确认相关工作信息，领取相关物品，做好准备工作。你知道都要确认哪些信息，领取哪些物品吗？

信息页 领取客房用品

一、领取客房用品的工作流程

（1）填写客用物品发放单：根据酒店客房出租率及当日消耗数量填写物品发放单。领班审核数量并在物品发放单上签字。

（2）领取物品：根据物品发放单按楼层领取客用品及清洁用品，并逐一核对。

（3）检查客户物品消耗：检查每日客户物品的实际消耗量，为下一次申领做好准备。

二、客房用品配备原则及分类

1. 配备原则

（1）体现客房的礼遇规格。

（2）广告的推销作用。

（3）摆放的协调性。

（4）客房设施设备的配套性。

2. 分类

客房正常配备的客用物品分为两大类，即客用固定物品和客用消耗物品。客用消耗物品又分为一次性客用消耗物品和多次性客用消耗物品。

客用固定物品和多次性客用消耗物品，是定期或根据需要进行更换的；而一次性客用消耗物品必须每天进行更换。

多次性客用消耗物品即是客房日常配备的租借用品，当客人借用后一般需2小时以内归还，以备其他客人借用。

三、清洁设备

饭店清洁设备的来源主要有两种途径：一是自备，二是租赁。而清洁设备一般分为两大类：一般清洁器具和电动清洁设备。

(1) 一般清洁器具：包括手工操作和不需要电动机驱动的清洁工具，如抹布、扫帚、拖把、房务工作车及玻璃清洁器等。

(2) 电动清洁设备：专指需要电动机驱动的机器，如吸尘器、吸水机、洗地机、洗地毯机及打蜡机等。

四、清洁剂

清洁剂一般分为：洗涤剂、酸性清洁剂、中性清洁剂、碱性清洁剂、溶剂、消毒剂、空气清新剂和抛光剂等。

任务单 领取客房用品

一、通过到企业进行调查或利用网络等多种学习途径，了解酒店客房用品的种类及用途。

二、以小组为单位进行领取客房物品的实训。

活动二 整理工作车

工作车是客房服务员进行客房服务时用来运载物品的工具车，使用工作车可以减轻劳动强度和提高工作效率。当工作车停在客房门外时，也就成为"正在清扫房间"的标志。如何整理布置工作车呢？让我们同客房服务员小李一起来整理工作车吧。

信息页 整理工作车

一、整理工作车流程

1. 清洁车
用湿抹布把工作车内外擦拭干净，检查有无损坏。

2. 挂两袋
将干净的布件袋和垃圾袋挂在工作车两侧的车钩上。

3. 放布件

将干净的布件放在车架中。床单和枕套放在工作车的最下格,浴巾、面巾和脚巾等放在工作车的上两格。

4. 放用品

将客房用品整齐地摆放在工作车的顶架上。

5. 备清洁桶

清洁桶放在工作车底层的外侧。桶内备有清洁剂、消毒剂、尼龙刷和橡胶手套等清洁用品。

6. 备抹布

准备干净的干抹布两条、湿抹布两条、抹地布一条,以及百洁布、泡棉等。注意:房间抹布和卫生间抹布要分开;清洁脸盆的抹布和清洁便器的抹布要分开;抹地的要同其他抹布分开。同时,抹布一定要保持干净,经常进行消毒;可用不同颜色来进行区分。

二、房间用品配备

房间用品主要有床单、被罩、枕套、浴巾、方巾、毛巾、脚巾、浴袍、茶杯、咖啡杯碟、冷水杯、酒杯、果汁杯、烟缸、信封、圆珠笔、铅笔、洗衣单、明信片、征求意见表、便笺、服务指南、卫生卷纸、女生卫生袋、香皂、浴液、洗发液、浴帽、面巾纸(香巾纸)、一次性拖鞋、擦鞋器和火柴等,且都应按其固定位置摆放整齐。

三、使用工作车时的注意事项

(1) 保持工作车的清洁整齐,无污渍杂物,用品摆放整齐。

(2) 摆放时遵循重物在下、轻物在上的原则,保证工作车能平稳行驶。

(3) 贵重物品要注意隐蔽性,不可暴露摆放。

(4) 布件袋和垃圾袋要挂牢。

知识链接 检查吸尘器

(1) 吸尘器是否清洁。

(2) 电线插头是否完好。

(3) 集尘袋是否倒空或换过。

(4) 附件是否完好。

(5) 最后要把电线绕好,不可散乱。

任务单 整理工作车

一、测一测你的判断能力，在括号里画"×"或"√"。

1. 工作车摆放物品时要遵循重物在上、轻物在下的原则。（　）

2. 客房用品有卫生卷纸、香皂、浴液、洗发液、浴帽、一次性拖鞋、餐具及火柴等。（　）

3. 清扫客房时钥匙可以放在工作车上。（　）

4. 被套放在工作车的顶层。（　）

5. 抹布制成不同的尺寸，选用不同质地和颜色的材料，这样做是为了使其更加漂亮。（　）

二、调查与收集。

通过到企业进行调查或利用网络等多种学习途径，了解工作车的使用及合理布置。

三、根据学习内容以组为单位进行准备工作车实训。

工作流程	工作标准要求	小组互查操作		
		全部符合规范	基本符合规范	极少符合规范
清洁车	用湿抹布把工作车内外擦拭干净,检查有无损坏			
挂两袋	将干净的布件袋和垃圾袋挂在车钩上			
放布件	将干净的布件放在车架中。床单和枕套放在工作车的最下层，浴巾、面巾和脚巾等放在工作车的上两格			
放用品	将客房用品整齐地摆放在工作车的顶架上			
备清洁桶	清洁桶放在工作车底层的外侧。桶内备有清洁剂、消毒剂、尼龙刷和橡胶手套等清洁用品			
备抹布	准备干净的干抹布两条、湿抹布两条、抹地布一条，以及百洁布、泡棉等。注意：房间抹布和卫生间抹布要分开；清洁脸盆的抹布和清洁便器的抹布要分开；抹地的抹布要同其他抹布分开。同时，抹布一定要保持干净，经常进行消毒；可用不同颜色来进行区分			

任务评价

学习目标		评价内容	组 内 互 评			组 间 互 评			教 师 评 价		
			😊	😐	🙁	😊	😐	🙁	😊	😐	🙁
知识	应知应会	1. 领取物品									
		2. 整理工作车									
		3. 准备吸尘器									
专业能力	能熟练完成班前准备工作	1. 能熟练掌握工作信息									
		2. 能熟练整理工作车									
运作能力	组织能力										
	合作能力										
	解决问题能力										
	自我调节能力										
	创新能力										
态度	真心实意，主动热情有问必答，通力合作										
评价总结											
改进方法											

客房是客人旅行中理想的栖身之地，是满足客人的商务和社交等需求的场所。为客人提供清洁干净、舒适的客房是客房服务员的一项极其重要的工作，为了使这项工作做得又快又好，体现出饭店的服务规范和专业水平，我们需要学习住客房、空房、走客房、VIP客房的清扫及房间小整理和夜床服务的整理，掌握卫生清扫和消毒的相关规定、方法及程序，同时了解客房清扫前的准备工作和卫生清扫质量的衡量标准。

单元二
清洁客房

任务一　客房日常清扫整理

　　9 月的怀柔，秋高气爽，气候宜人，一年一度的虹鳟鱼美食节如期举行，饭店宾客盈门，客房服务员小李将要完成 12 间住客房的清洁整理工作。

具体工作任务

➤ 掌握住客房清扫工作流程和中式铺床要领；

➤ 完成任务单的填写；

➤ 填写能力评价单的内容。

活动一　走客房的清扫

　　在坐落于美丽如画的雁栖湖畔的饭店内，由旅行社带领的一队旅游团刚刚吃完早饭，准备离店前往首都机场。作为饭店的客房服务员，张强该如何做呢？

信息页　走客房的清扫工作规范

　　(1) 客房服务员接到通知后，应尽快对客房进行彻底清扫，以保证客房的及时入住。

　　(2) 查房内容与时机：客房服务员应在客人结账时，快速检查房间有无客人遗留物品，同时确认客房内设施设备是否完好、有无物品丢失、房内饮品消费是否入账，如有问题及时反馈给总台。

　　(3) 撤换茶水具，并严格进行清洗消毒。

　　(4) 对卫生间各个部位进行严格清洗消毒。

　　(5) 清洁整理卧室和卫生间的顺序不同：住客房，先卧室，后卫生间；而走客房，先卫生间，后卧室。

任务单　走客房的清扫要求

　　一、请完成下列工作项目要求。

检 查 项 目	项 目 要 求
清扫的前期准备	
规范进房	

(续表)

检 查 项 目	项 目 要 求
清扫卫生间	
清扫卧室	
添补客用品	
客房检查	

二、案例分析。

石头哪去了

707 房间住进来一位台湾客人，第二天早晨客人到外面游览。晚上，客人刚回到房间就很着急地出来找到服务员，说他的东西丢了。值班的服务员忙问丢了什么东西以及在哪里丢的。客人说丢了一块石头，早晨出去时放在客房的卫生间，晚上回来时就没有了。服务员听说是一块石头，认为没什么大不了的，就对客人说："您先别着急，负责搞卫生的服务员已经下班了，等明天上班我去了解一下。"客人说："等明天可不行，这块石头可不是一般的石头，对于我来说非常重要。"

原来事情是这样的。这位客人是一位台湾老兵的儿子，他的父亲在解放前夕到了台湾。在老人心中有一种"死也要死在家里"的愿望。但是，由于多方面的原因，老人去世后没能安葬在家乡。因此老人在生前托付自己的子女，希望他们能在自己的坟上埋上一块故乡的石头，再浇上一桶黄河水。现在住在 707 房间的这位台湾客人，就是特地回到大陆，在故乡的山坡上取了一块石头，并打了一桶黄河水，准备带回台湾，了却老人生前的心愿。

值班的服务员知道了事情的原委后，就向值班经理作了汇报，并立刻打电话找到了白天负责清扫 707 房间卫生的清扫员了解情况。清扫员回忆说："白天清扫卫生的时候，是看到在卫生间的地上放着一块石头，石头上还沾着黄泥，弄得满地都是。便心想：这石头有什么用，脏兮兮的，而且是放在卫生间的垃圾桶旁边，认为是客人不要的。于是就和垃圾一起扔掉了。"

值班经理决定马上寻找。可是饭店的垃圾是不过夜的，白天倒的垃圾此时已经运到了垃圾场。于是值班经理就带着从家中赶回来的清扫员和其他几名服务员赶到垃圾场。幸好垃圾场还没有进行处理，在垃圾场工作人员的引导下，几个人打着手电筒，在又脏又臭的垃圾堆中寻找……终于找到了。

虽然是由于服务员的疏忽给客人带来了麻烦，但最终客人对饭店的处理态度和结果还是满意的。客人接过服务员找回的石头，幽默地说："幸亏你们没有把那桶黄河水也倒掉，要不你们还得派人去趟黄河边。"听了客人的话，服务员们心里的"石头"总算落了地，可却不是滋味。

问题：1. 本案例给你带来了什么启示？

2. 请运用学过的知识，说说如果是你该如何处理此事？

活动二　住客房的清扫

住客房的清扫应当依照一定的工作流程，才能更有效地完成，具体流程如下：

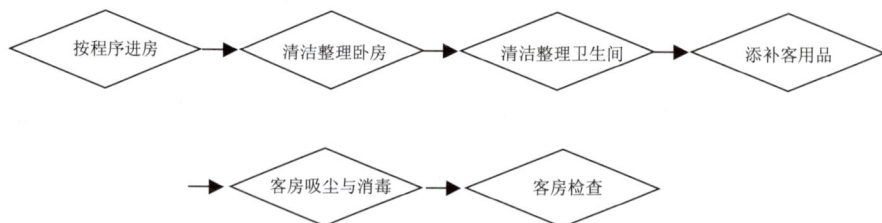

按程序进房 ➡ 清洁整理卧房 ➡ 清洁整理卫生间 ➡ 添补客用品

➡ 客房吸尘与消毒 ➡ 客房检查

信息页一 按程序进房(如表 2-1-1 所示)

表 2-1-1　进房步骤和要求

序号	步　骤	操 作 要 求	温 馨 提 示
1	观察门外情况	1. 有无"DND"牌 2. 有无客人在房内的迹象，客人是否允许	1. 中午 12:00 前，不敲"DND"房的房门，但应记下房号和挂牌时间
2	敲门通报	1. 站距房门 30～40cm 的位置，身体正对房门窥视镜 2. 用食指或中指有节奏地敲门 3 下或按门铃，并通报"Housekeeping"或"客房服务员"	2. 工作车经过"DND"房门时，动作要轻，以免影响客人休息 3. 若有事离开，须针对"DND"房的情况做好交接班记录 4. 例行的客房大清扫工作，一般应于客人不在房间时进行
3	等候	1. 站在门前适当位置 2. 若有客人发问，应待客人允许后进行清扫 3. 若无反应，应重复敲门通报，若仍无反应，可自行开门	5. 养成进房前先思考的习惯。进房前观察房门，注意"DND"牌 6. 养成进房前先敲门通报的习惯

(续表)

序号	步骤	操作要求	温馨提示
4	开门	1. 手持磁卡对准钥匙孔插至尽头，停留约1s，拔出门锁显示灯亮绿灯，可向下转动门锁把手 2. 将门推开 1/3	7. 清扫住客房时，不得乱动客人的东西，不得使用客房内的电视、电话和卫生间 8. 床上用品和毛巾不能作为擦洗的清洁用具
5	再次敲门通报	1. 当房门打开 1/3 后，轻敲房门 3 下 2. 通报自己的身份，并询问可否进房	9. 任何服务人员不得为他人打开宾客的房间
6	清洁准备	1. 钥匙卡插入给电口中 2. 把"正在清洁"牌挂在门把手上	10. 服务人员只能使用员工电梯

知识链接 客房状况中英文对照表

英文缩写	房态	房态说明
OCC	住客房(Occupied)	即客人正在租用的房间
CO	走客房(Check Out)	表示客人已结账并已离开的客房
V	空房(Vacant)	昨日暂时无人租用的房间
VD	未清扫房(Vacant Dirty)	即没有经过打扫的空房
SO	外宿房(Sleep Out)	表示该客房已被租用，但租客昨日未归。为了防止发生逃账等意外情况，客房部应将此种状况通知总台
OOO	维修房或待修房(Out of Order)	该客房因设施或设备发生故障处于维修中，暂不能出租
VC	已清扫房(Vacant Clean)	该客房已清扫完毕，可以重新出租
NB	无行李房(No Baggage)	表示该房间的住客无行李
ED	准备退房(Expected Departure)	表示该客房住客应在当天中午 12:00 以前退房，但现在还未退房
E	加床(Extra Bed)	表示该客房有加床
DND	请勿打扰房(Do Not Disturb)	表示该客房的客人因睡眠或其他原因而不希望服务人员打扰
VIP	贵宾房(Very Important Person)	表示该客房的住客是饭店的重要客人
LSG	长住房(Long Stay in Guest)	长期由客人包租的房间
MUR	请即打扫房(Make Up Room)	表示该客房住客因会客或其他原因需要服务员立即打扫
LB	轻便行李房(Light Baggage)	表示住客行李很少的房间

注：① 为了预防客人逃账和发生意外，客房服务员要及时向总台报告 SO、DND、NB 及 LB 房。

② 为了保证出租客房的质量，应及时报告 OOO 房。

任务单一 服务人员客房的要求

一、请完成下列任务表。

检 查 项 目	项 目 要 求
仪容仪表	
不能进房的情况	
敲门的站位和站姿	
等候的时间和禁忌	
开门注意事项和禁忌	
需再次敲门通报的条件	
推门力度	
进房仪态	

二、问题讨论。

1．发现客人整天在房内且不希望服务员整理房间时，怎么办？

2．整理房间时，客人还在房内，怎么办？

3．在清扫整理过程中，客人外出回来了，怎么办？

4．服务员进房前为什么要思考？

5．服务员进房前思考什么？

信息页二 客房的清洁整理

一、清洁步骤和要求(如表 2-1-2 所示)

表 2-1-2　清洁步骤和要求

序号	步　骤	操 作 要 求	图　示
1	房间检查	1. 电器设施及设备的检查 2. 房内气味的检查 3. 酒水饮料饮用情况的检查，并及时补充	

(续表)

序号	步骤	操作要求	图示
2	收拾垃圾	1. 烟灰缸内的烟头(熄灭)和烟灰 2. 垃圾筒内有价值的物品(文件) 3. 处理饭店配置的已使用过的一次性消耗品和明显的果皮杂物	
3	撤换布件	1. 撤下被套、枕套及床单，放入专用布件袋 2. 将撤下的棉被和枕头放在沙发上或行李架上	
4	铺床	1. 拉床：将床拉出约40cm，检查床垫、床有无污渍 2. 检查床架有无突出的尖锐物体，并及时处理 3. 对正床垫，整理棉褥 4. 铺床单 (1) 理单：站在床头正中位置，左手抓住床单的一头，右手将床单的另一头打松在床面，抛向床尾位置，再用右手顺势打开，床单正面向上 (2) 甩单：用双手抓住床单的一边、手心向上，两手相距80~100cm，将床单提起约70cm处，身体稍向前倾，用腕力和臂力将床单甩下去 (3) 定位：在床单尾部推开的瞬间，使床单的中线与床垫的中线对齐，并将床单往床头方向下拉35cm (4) 包角：包4个平整的90°角，床单的四边依次塞边 5. 套被套 (1) 将被芯平铺在床上，将被套反面朝外 (2) 左右手深入被套内，抓住被芯的内角，然后，同时抓住被套的两角提起，让被芯顺势逆向滑入被套，并且整理好被芯与被套四角吻合 (3) 将棉被床头部分翻折30cm，将被套开口处封好 6. 套枕袋 (1) 将枕头对折，抓住枕头的1/3处送入，枕芯两角至枕袋两角 (2) 用双手提起枕袋口抖动，充实枕袋四角 7. 放枕头 (1) 将枕头放在床头中央 (2) 单人床枕袋口反向于床头柜，双人床枕袋口相对或相背 8. 将床体推回原位	

序号	步骤	操作要求	图示
5	清洁	1. 按顺时针或逆时针方向清扫，从上到下，由里到外依次对家具进行抹尘擦灰 2. 叠好或挂好客人放在床上的衣物。将行李架浮尘擦去，不挪动客人行李 3. 擦衣柜，做好大面卫生，不要将客人衣物弄乱、弄脏 4. 整理女性化妆品不挪位置，不扔空瓶或纸盒	

二、客房清扫的基本方法(如表 2-1-3 所示)

表 2-1-3　客房清扫的基本方法

清扫方法	清扫内容	温馨提示
从上到下	在擦拭房间和卫生间设备物品的灰尘时，应从上到下进行	1. 环形清理：按顺时针或逆时针环形清洁客房 2. 干湿分开：擦拭不同家具物品时，抹布应干湿分开。房间的金属、电器(如灯具、电视屏幕)、靠墙边的木质家具(如床头板)及布艺家具应用干抹布擦拭 3. 卧室、卫生间的清扫应先后有序：整理住客房时，先卧室后卫生间；整理走客房时，先卫生间后卧室 4. 注意墙角：墙角容易成为蜘蛛结网和尘土、污垢积存的地方
从里到外	在进行地毯吸尘，擦拭台面、桌面、卫生间的地面时，应从里到外进行	

任务单二 清洁整理卧室的要求

检查项目	项目要求
客房清扫的基本方法	
住客房的清扫顺序	
具体清扫的礼貌用语	
烟灰缸里的烟灰处理	

(续表)

检 查 项 目	项 目 要 求
撤下布件的摆放	
拉床的操作要领	
理单的操作要领	
甩单的操作要领	
定位的操作要领	
包角的操作要领	
套被套的操作要领	
套枕袋的操作要领	
枕袋口的方向	

信息页三 卫生间的清洁整理

一、卫生间的清洁与消毒(如表 2-1-4 所示)

表 2-1-4　卫生间的清洁与消毒

序 号	步 骤	操 作 要 求
1	备好用具	将清洁桶和清洁工具盒放入卫生间
2	开	打开卫生间的灯和排气扇
3	冲	放水冲便器,冲去污物,再沿便器出水口滴入清洁剂
4	收	1. 收走客人用过的"四巾"放到工作车上的布件袋内 2. 收走卫生间用过的消耗品,清理垃圾桶
5	洗、擦	1. 清洗洗脸盆及云台 2. 擦拭镜面、毛巾架、浴巾架、卫生纸架 3. 清洗浴缸 4. 用专用抹布擦拭清洗便器

(续表)

序　号	步　骤	操 作 要 求
6	补	按规定补充卫生用品
7	抹	将浴帘拉出 1/3，抹门及门把手，用专用抹布抹净地面，退出
8	关	1. 关灯，关排气扇 2. 将浴室的门虚掩 30° 角

二、撤"四巾"的注意事项

(1) 撤前要检查客人用过的布件是否有夹带。

(2) 不能将"四巾"放在卫生间地上或客房门口。

(3) 清洁后的卫生间应达到的卫生标准：无发丝、无异味、无水珠、清洁光亮、物品摆放整齐。

知识链接　常用消毒方法

(1) 生物消毒：室外日光消毒、室内采光、通风是客房消毒常用的方法。

(2) 物理消毒：即高温消毒，可分为煮沸消毒和蒸汽消毒。

(3) 化学消毒：即浸泡消毒，一般适用于杯具的消毒。常用的化学消毒剂有：氯亚明、漂白粉、高锰酸钾、"84"消毒液、TC-101。

任务单三 清洁整理卫生间的要求

检 查 项 目	项 目 要 求
清扫需遵守职业道德	
抹布的使用和要求	
收四巾的要求	
清理洗脸盆和云台的步骤及要求	
清洗浴缸的步骤和注意事项	
补充卫生用品的注意事项	

(续表)

检 查 项 目	项 目 要 求
抹卫生间地面的注意事项	
清扫完毕后卫生间的门应虚掩的角度要求	

信息页四 客房吸尘与消毒

一、客房吸尘(如表 2-1-5 所示)

表 2-1-5　客房吸尘要求

吸尘类别	操 作 要 求
卧室吸尘	1．顺序：由里到外，从窗户开始，依次向外吸尘 2．主要部位：地面及家具 3．吸地毯应沿顺纹方向，注意边缘地带
卫生间吸尘	1．将吸尘器转换成拖把的功能 2．为防止吸尘器短路，不能用于有水的地方

二、客房消毒(如表 2-1-6 所示)

表 2-1-6　客房消毒方法

消 毒 对 象	消 毒 方 法	说　明
床垫、床罩、被褥	室外日光消毒	日光中的紫外线可以杀死一些病菌
床上棉织品	浸泡消毒	用 3‰的漂白粉溶液进行消毒
家具、设备	擦拭消毒	用 10%的石炭酸水溶液、2%的来苏水溶液进行消毒
房间空气	1．室内采光 2．通风 3．紫外线消毒	1．冬季有 3h 日照、夏季有 2h 日照即可杀死空气中的大部分致病的微生物 2．通风可以防止细菌和螨虫的滋生 3．一般安装 30W 紫外线灯管一支，灯管距地面 2.5m 左右，每次照射 2h，可使空气中的微生物减少 50%～75%，甚至减少 90%以上
房间死角	喷洒消毒	用 1%～5%的漂白粉澄清液对房间进行喷洒消毒

任务单四 客房吸尘的要求

检 查 项 目	项 目 要 求
客房吸尘的顺序	
卧室吸尘的顺序	
地毯的吸尘方法	
卫生间的吸尘方法	

信息页五 客房用品的添补与清洁消毒

一、客房用品的添补(如表 2-1-7 所示)

表 2-1-7　客房用品的添补

添 补 类 别	添 补 物 品
更换房内用品	茶杯、茶碟等，并依照规定摆放
客人有特殊要求的物品	一次性消耗品

二、添补用品的消毒清洗过程(如表 2-1-8 所示)

表 2-1-8　添补用品的消毒清洗过程

项　目	操 作 要 求
工具	手套、百洁布、洗洁精、按一定比例配置好的消毒液
清洗	1. 将客人用过的茶具、酒具撤出
	2. 清理茶具内的剩余茶水，将脏的茶具分类收集到洗杯盆里并冲净
	3. 戴上手套，用百洁布蘸适量洗洁精擦拭杯具内外
	4. 用自来水冲净茶具、酒具上残留的洗洁精泡沫，冲洗次数不少于两次
消毒	1. 将清洗干净的茶具、酒具放入备好的消毒液桶里浸泡 5～10min
	2. 将拿出的茶具、酒具放入清水池内冲洗两遍
	3. 将冲洗干净的茶具、酒具按顺序放入红外线电子消毒柜，限定时间为 30 min

三、添补用品的消毒方法(如表 2-1-9 所示)

表 2-1-9　添补用品的消毒

消毒方法		操作要求	特别提示
物理消毒	煮沸消毒法	将洗刷干净的茶具、酒具放入 100℃ 的沸水中煮 15～30 min	适用于瓷器，不适用于玻璃器皿
	蒸汽消毒法	将洗刷干净的茶具、酒具放到蒸汽箱中，蒸 15 min	1. 适用于各种茶具、酒具、餐具的消毒 2. 物品应摆放整齐，分类进行
	干烤	将洗刷干净的茶具、酒具放入消毒柜中，将温度调至 120℃，干烤 30min	多采用红外线照射杀灭细菌
化学消毒	浸泡消毒	将洗刷干净的茶具、酒具分批放入消毒液中浸泡 5min,再用清水冲洗干净并擦干	1. 必须将化学消毒剂严格按比例稀释，才能发挥作用 2. 如需要消毒的物品过多，药物耗量较大，连续浸泡 1 h 后，应更换新溶液

知识链接　常用化学消毒剂溶液

溶液名称	配制浓度	特别提示
氯亚明	1:50	1. 配好的溶液只能使用一天 2. 对金属器皿有褪色和腐蚀作用
漂白粉	1:4	1. 搅拌均匀后才可使用 2. 对金属器皿有褪色和腐蚀作用 3. 可适用于杯具、水果、棉织品的消毒
高锰酸钾	1:2000	1. 高锰酸钾溶液由紫红色变为黄褐色，应更换新溶液 2. 浸泡时间不少于 5min 3. 适用于杯具、水果的消毒
"84"消毒液	1:100	1. 原液易腐蚀棉织品、金属，易伤皮肤，如与皮肤直接接触应清水冲洗干净 2. 储藏与避光、避热，置于阴凉干燥通风处 3. 适用于餐具、茶具、酒具、蔬菜、水果、家具等的消毒

任务单五 添补客用品的要求

检 查 项 目	项 目 要 求
一般客用品的更换和摆放	
一次性消耗品的更换	

信息页六 客房检查

一、客房检查(如表 2-1-10 所示)

表 2-1-10　客房检查项目与要求

检 查 项 目	具 体 要 求
卫生间	1. 卫生质量：干净清洁，无毛发和纸屑 2. 物品整齐：设备均正常运转 3. 空气质量：味道清新 4. 美感和舒适度：感觉舒适，整体有美感
卧室	1. 卫生质量：一尘不染 2. 物品整齐：规定物品及时补充，保证齐全 3. 空气质量：清新干净 4. 视觉效果：感觉舒适，整体有美感
服务记录	1. 物品的补充和更换 2. 房内设备的完好 3. 特殊情况 4. 完成打扫时间

二、客房服务员工作单(如表 2-1-11 所示)

表 2-1-11　客房服务员工作单

楼层:　　　姓名:　　　日期:　年　月　日　　早班:　　中班:　　晚班:

房号	客户状态	清扫时间		补充消耗品									备注	特殊任务及特殊要求
		入	出	肥皂	浴帽	洗发液	沐浴液	梳子	牙具	购物袋	洗衣袋	拖鞋		当日计划卫生
	.													

任务单六　客房检查的要求

完成客房检查任务表。

检 查 项 目	项 目 要 求
卫生间的卫生、物品、空气以及美感、舒适度	
卧室的卫生、物品、空气以及美感、舒适度	
服务记录的特殊情况	
填写工作表单的内容	

活动三　空房的清扫

　　在风景秀丽、游人如织的四川,国际饭店的客房非常紧缺。客房服务员李丽今天准时到岗上班,该如何完成工作任务呢?

信息页 空房清扫工作流程(如表 2-1-12 所示)

表 2-1-12　空房清扫工作流程

序号	步骤	工 作 标 准	温 馨 提 示
1	服务准备	1. 准备工作车 (1) 清洁工作车:在工作间用湿抹布将工作车内外擦拭干净,同时检查工作车有无损坏 (2) 挂好垃圾袋和布袋:在车钩上挂好 2. 准备干净布件:床单、枕袋放在最下格,四巾放在上面两格 3. 准备房间用品:将消毒过的茶杯、冷水杯、杯垫等放在顶架上 4. 准备清洁工具和用品 (1) 准备清洁桶或清洁盆:放工作车最底层,注意将清洁便器用具与其他清洁设备严格分开,专品专用 (2) 准备好干净的抹布:抹布要求干净、卫生、经过消毒,准备干抹布两条、湿抹布两条、抹地布一条,注意房间的与卫生间的分开,便器的与脸盆和浴缸的分开,抹地的与其他的分开 5. 准备吸尘器:检查是否清洁,电线和插头是否完好,集尘袋是否倒空或换过,附件是否齐全完好,同时把电线绕好	1. 仪容仪表:按规定穿好工作服,工牌戴在左胸上方,不佩戴饰品,保持淡妆,面带微笑,精神面貌良好 2. 做好班前会 (1) 签到:登记上班时间,打卡 (2) 接受任务 (3) 领取钥匙和呼叫机 3. 进入楼层核实房态、确定清扫顺序,通过看工作表和实地查房核实房态,清扫顺序依据饭店规范和实际情况决定 4. 达到客房的清洁卫生整理标准 (1) 房内设施设备及家具无灰尘、无污锈,卫生无死角 (2) 地面无杂物、纸屑、烟头、果品等 (3) 床上物品(床单、被套、枕袋等)表面无污迹和破损
2	规范进房	观察门外情况 ➡ 敲门通报 ➡ 等候 ➡ 开门 ➡ 再次敲门通报 ➡ 清洁准备	(4) 茶具、水具无污痕
3	清洁整理客房	1. 开:每天开窗、开空调,通风换气,查看有无异味 2. 擦:用干抹布擦拭设备、家具表面的浮尘 3. 放:每天将脸盆、浴缸、坐便器的冷热水龙头放水 1~2min 4. 吸:每隔 2~3 天吸尘一次 5. 查:检查设施设备有无损坏并及时报修,检查房间有无异常,以及浴室四巾是否失去弹性和其柔软度,并及时在客人入住前更换	(5) 无"六害",即蚊子、苍蝇、蟑螂等的危害 5. 消毒标准 (1) 茶具:每平方厘米的细菌总数不得超过 5 个 (2) 脸盆、浴缸、拖鞋:每平方厘米的细菌总数不得超过 500 个 (3) 卫生间不得查出大肠杆菌群
4	客房检查	1. 电器设施及设备的检查 2. 房内气味的检查 3. 酒水饮料饮用情况的检查,并及时补充	

任务单 空房清扫的要求

检 查 项 目	项 目 要 求
仪容仪表	
准备工作车	
准备清洁用具、用品	
准备吸尘器	
规范进房	
清洁整理客房	
客房检查	
确定清扫顺序	
客房的消毒方法	

任务评价

学 习 目 标		评 价 内 容	组 内 互 评			组 间 互 评			教 师 评 价		
			😄	🙂	😣	😄	🙂	😣	😄	🙂	😣
知识	应知应会	1. 空房清扫的方法									
		2. 空房清扫的程序									
		3. 空房整理的操作要领									
		4. 走客房清扫的方法									
		5. 走客房清扫的程序									
		6. 中式铺床的操作要领									
		7. 住客房清扫的方法									
		8. 住客房清扫的程序									
		9. 中式铺床的操作要领									

(续表)

学习目标		评价内容	组内互评			组间互评			教师评价		
			😃	😊	😣	😃	😊	😣	😃	😊	😣
专业能力	能够完成各类客房的清扫，善于独立解决问题	1. 能够规范进房									
		2. 能够规范完成清扫工作									
运作能力		组织能力									
		合作能力									
		解决问题能力									
		自我调节能力									
		创新能力									
态度		真心实意，主动热情有问必答，通力合作									
评价总结											
改进方法											

任务二　客房其他清扫整理

工作情境

随着旅游业的发展，酒店业的竞争越来越激烈，一些酒店为提升饭店档次，便根据自身情况对标准间推行了房间小整理以及夜床服务。客房服务员张强今天正巧当班，他准备得怎么样了呢？

具体工作任务

➤ 掌握房间小整理的具体做法；

➤ 完成任务单的填写；

➤ 填写能力评价单的内容。

活动一 房间小整理

客房小整理服务是体现客户服务水平的重要环节，主要是针对住客房进行的，其目的是确保客人每次外出回来都有一个良好的居住环境。因此，清楚地了解小整理规范与步骤是十分重要的。

信息页 房间小整理(如表 2-2-1 所示)

表 2-2-1 房间小整理

序 号	具 体 内 容
1	进入客人房间后，应将门敞开，然后在房间内进行整理
2	更换客房和浴室内用过的茶具、酒具和面巾、浴巾、脚巾及小方巾
3	清倒烟缸和垃圾，并注意看清有无贵重物品
4	重新整理客人睡过的床铺，并盖好床罩
5	清洁房内家具，挂好客人的衣服，复原家具、设备位置
6	清洁浴室内客人用过的洁具和面台
7	捡清地面杂物，如有污渍应迅速清除
8	清点小酒吧内耗用的酒水，及时报告领班或服务中心，做好报账和补齐酒水工作

知识链接 酒店房型及其特点

房 型	房 型 特 点
单人间(Single Room)	即配备一张单人床，为满足单身旅游者入住而设的客房。一般饭店数量不多，但近年来颇受单身旅游者的青睐
大床间(Double Room)	即配备一张双人床的单人间，适合夫妻居住，也适合单身旅游者居住
双人间(Twin Room)	又称标准间(Standard Room)，配备两张单人床，用床头柜隔开，可同时供两位客人居住，也可供一人居住。此类客房数量最多，一般适合安排旅游团队和会议客人使用
套间(Suite)	分为标准套间和豪华套间：标准套间(Standard Suite)由连通的两个房间构成，一间为起居室(Living Room)，一间为卧室(Bed Room)，放一张大床或两张单人床；豪华套间(Deluxe Room)是双套间或三套间，分为卧室、起居室、餐室，卧室内配备大号双人床或特大号双人床

(续表)

房　型	房　型　特　点
特殊客房(Special Room)	即根据不同客人的需求特别设计和布置的客房，如商务客房、娱乐客房、健身客房、家人团聚客房等
连通房(Conecting Room)	即把相邻的两套客房连通，用以满足家庭、朋友等多人入住需求的客房
总 统 套 房 (Presidential Suite)	一般由 5 间以上的房间构成，设有男女主卧、会议室、卫生间、起居室、书房、餐室、警卫室、随从室、厨房等。装饰豪华，房价昂贵，是饭店档次和知名度的象征

任务单 房间小整理的要求

请将下列操作过程补充完整。

1. 进入客人房间后，应将_____敞开，然后在_____进行整理。
2. 更换客房和浴室内用过的_____、酒具和_____、_____、_____及小方巾。
3. 清倒_____和_____，并注意看清有无贵重物品。
4. 重新整理客人睡过的床铺，并盖好_____。
5. 清洁房内家具，挂好_____，复原家具、设备位置。
6. 清洁浴室内客人用过的_____和_____。
7. 捡清地面_____，如有污渍应迅速清除。
8. 清点小酒吧内_____，及时报告领班或服务中心，做好_____和补齐酒水工作。

活动二　夜床服务

夜床服务又称"晚间服务"，客房服务员王强今天正巧上中班，他必须做些什么呢？

信息页 夜床服务

一、夜床服务的内容和程序(如表 2-2-2 所示)

表 2-2-2　夜床服务

服 务 内 容	操 作 程 序	温 馨 提 示
开夜床前	门锁是否正常 门上是否挂"DND"牌	18:00~20:00，并依照规范做好准备工作
开夜床中	推车至客房门口，规范敲门两次，通报"客房服务员，晚间开夜床" 进门后，在"夜床服务表"上填写进房时间 打开客房内床头灯、廊灯，关闭其他灯 轻轻拉拢窗帘和遮光帘，要求窗帘的折皱均匀美观 开床：将被子从床头一侧掀起折成 30° 或 45° 角，并将边叠齐压好 将枕头整理好摆正，将客人的睡衣叠好置于枕头上环保卡放于枕头正中 45° 角，晚安卡的晚安字样朝向客人 将一次性拖鞋置于床前或坐椅边 房内台面、桌面清除污迹 清洗客人用过的便器、浴缸、洗脸盆和云台。整理或更换"四巾" 将卫生间的其他用品整理好，客用品补充齐全 将浴帘往浴缸的淋浴喷头处拉约 2/3，浴帘底端放在浴缸内。将地面抹干净，并将地巾铺在浴缸前的地面上，店徽朝上 用电热水壶为客人烧一壶热水备用 撤出客人用过的杯子和烟灰缸，并按原数量重新放置干净的杯子和烟灰缸 将房内垃圾全部清出放到工作车上的垃圾袋内 站在门口环视一周，检查是否干净、整洁、舒适、幽静	1. 如房间挂有"请勿打扰"牌，应在"夜床服务表"上做好记录；如只亮"请勿打扰"灯而未挂牌，应报房务中心用电话与客人确认，以免漏做 2. 房内只住 1 位客人时，一般开靠近卫生间一侧的床 3. 对于客人 1 张床上或 2 张床上的物品，一般开无物品或物品少的那张床 4. 若 1 张床用过或 2 张床都用过，一般开客人用过或较乱的那张床 5. 最佳的开床，是开客人习惯睡的床 6. 如遇客人床上摆放物品多或有大件行李放在床上，可不开床，但要做好记录 7. 注意，若杯中有客人新泡的茶水或盛有饮料酒水，则不能撤走或更换
开夜床后	取出节电卡，锁好房门，填写"夜床服务表"	

二、开夜床的其他注意事项

(1) 只住一位女士的标准间开临近卫生间的那张床。

(2) 只住一位男士的标准间开靠近窗户的那张床。

(3) 两位同性客人住的标准间开床的方向朝向窗户。

(4) 两位异性客人住的标准间开床的方向都从床头柜一侧开。

(5) 只住一人的大床间从放电话的一侧开床，住两人时，可只开一侧也可两边都开。

(6) 单人房从放电话的床头柜一侧开床。

(7) 若客人堆放物品多，可不开床，但须留条。

(8) 若饭店馈赠的礼品有饮料或酒水，应用托盘将之放于床头柜上。

任务单 夜床服务的要求

检 查 项 目	项 目 要 求
开床的注意事项	
中式床的开床方法	
进房开灯的目的	
整理卫生间的内容	

任务评价

学 习 目 标		评 价 内 容	组 内 互 评			组 间 互 评			教 师 评 价		
			😄	🙂	😕	😄	🙂	😕	😄	🙂	😕
知识	应知应会	1. 房间小整理的方法									
		2. 房间小整理的程序									
		3. 房间小整理的操作要领									
		4. 夜床服务的方法									
		5. 夜床服务的程序									
		6. 夜床服务的操作要领									
专业能力	能够完成房间小整理的清扫，能独立解决问题	1. 能够规范进房									
		2. 房间小整理的操作									
		3. 完成房间小整理									
		4. 夜床服务的操作									
		5. 完成夜床服务									

(续表)

学 习 目 标	评 价 内 容	组 内 互 评			组 间 互 评			教 师 评 价		
		😀	🙂	😖	😀	🙂	😖	😀	🙂	😖
运作能力	组织能力									
	合作能力									
	解决问题能力									
	自我调节能力									
	创新能力									
态度	真心实意，主动热情 有问必答，通力合作									
评价总结										
改进方法										

随着酒店业的迅猛发展，行业内的竞争日益激烈，对客服务工作就显得尤为重要。对客服务工作的好坏影响着一个饭店的文化修养、整体形象和综合素质。客房是客人在饭店中逗留时间最长的地方，客人在住店期间，不仅要求客房清洁、舒适，还希望客房服务员能够根据其特点和服务需求，提供相应的服务。这些服务有的是对于每一位客人都必须提供的日常服务，有的是针对个别客人的需要而提供的个性化服务。

单元三

对客服务

任务一　客房日常服务工作

21 世纪的酒店，客人作为被服务对象的消费经验日趋丰富，个性化需求日益明显，从单一追求物质的满足趋向于追求物质和精神两方面的满足，对酒店服务的要求也是越来越高。

酒店不仅要满足众多客人的共性服务需求，还要满足客人合理的个性化服务需求，这样才能做到宾至如归、以客为本。只有不断提高对客服务的技巧与艺术，才能不断升华与完善，满足客人对酒店提出的诸多服务要求。

具体工作任务

➢ 了解客房日常服务工作的服务流程；

➢ 熟悉客房日常服务工作的规范要求；

➢ 掌握客房日常服务的工作要点，填写在任务单中。

活动一　迎送客人

在客房楼层接待服务过程中，迎客服务是第一个环节，而送客服务是最后一个环节。让客人一进入楼层就能感受到服务员热情、周到的迎宾服务，逐渐消除陌生感，以真正体会到饭店的温馨服务。

信息页一　迎客服务

迎客服务是客房对客服务的首要环节。星级饭店的迎客服务一般包括：迎客准备工作和迎客工作。

一、客人来店前的准备工作

准备工作是客房优质服务的序幕。准备工作做好了，才能有针对性地提供优质服务，满足客人休息、住宿的需要。准备工作主要包括以下内容。

(1) 掌握客情：熟知客人的姓名、房号、生活习惯、禁忌、爱好、宗教信仰、外貌特点等情况，以便在接待服务中有针对性地提供优质服务。

(2) 整理房间：客人预订的房间，要在客人到达前一小时整理好，保持清洁、整齐、卫生及安全；设施要齐全完好，符合客房等级规格和定额标准。

(3) 检查房间设备、用品：房间整理完毕后，领班要全面、逐步、逐项地检查房间的设备和用品，如，门窗是否安全，电器开关有无损坏，卫生间设备是否灵便，物品是否放在规定的位置，并拉上窗帘、掀开被角、打开床头灯等。

(4) 调节好客房内的温度：客人到达前要根据气候和不同地区的特点，调节好房间内的温度。

(5) 楼层服务员要整理好仪容、仪表，随时等候客人的到来。

二、引领服务——电梯厅迎接客人

电梯厅是客人办理完入住手续进入客房前的第一站，在电梯厅迎接客人，为客人提供服务，能够带给客人温馨、周到的感受，是客房服务员对客服务中需要经常做的工作。

1. 电梯厅迎接客人的工作标准

(1) 接到前台到客通知，在 2 分钟内迅速到达所在楼层电梯厅等候客人。

(2) 双手交叉(右手搭在左手上)，站在电梯厅的左侧，面向电梯。

(3) 随时观察到达的电梯。

(4) 看到客人，主动向前迎接客人。

(5) 主动地向客人微笑、问候："您好，先生/女士，欢迎您光临！请问您的房间号码是多少？""我来帮您拿行李/衣服好吗？""我带您去您的房间。"

2. 星级饭店电梯厅迎接客人的工作要点

(1) 前台通知时，了解客人的房号、姓名、性别及到店次数。

(2) 为乘坐电梯的所有客人，提供叫梯服务。

(3) 始终保持微笑。

(4) 接过客人的行李/衣服，引领客人到所在房间。

(5) 行走过程中，始终保持在客人右前方 0.5m 的距离，并在行走过程中，与客人亲切地交谈。

三、入住介绍服务——为客人介绍房间

在电梯厅、楼道迎接客人后，下一步工作就是引领客人进入房间，由于每一家饭店客房的设施设备都是按各自星级标准配备的，具有一定的个性化，因此需要服务人员为客人介绍房间内的设施设备以及本酒店的一些个性化服务内容。

1. 为客人介绍房间的一般工作标准

(1) 引领客人至客房前，先按门铃或敲门，确定无人在内后，用钥匙开门。

(2) 开门后，将总开关开启，立即退出，将钥匙交还给客人，请客人先进入房间。

(3) 随客人进入房间后，将行李放在行李架上或按客人的要求将行李放好。

(4) 向客人介绍房间的设施及其使用方法，顺序依次是：拉开窗帘，介绍房间的朝向，小酒吧和床头柜的位置，电话指南，电源插座，洗衣服务及送餐服务等。

(5) 客房介绍完毕后需征求客人有无其他要求。而后向客人告别，祝客人住得愉快，面对客人退出，将门轻轻关上。

2. 星级饭店为客人介绍房间的工作要点

(1) 在与客人交谈时要面对客人、面带微笑。

(2) 如客人有要求，可以给客人演示设备的使用。

(3) 为客人介绍房间设备时，把握一个原则：一般设备可以不介绍，特殊设备一定要介绍。

(4) 为客人介绍房间时，始终保持真诚的微笑。

任务单一 迎客服务

利用所学知识判断对错。

1．贵宾房英文是 Very Important Person，简写为 VIP。（ ）

2．客房服务主要体现在两个方面：一是客房设备；二是服务水平。（ ）

3．失物招领，即 Lost and Found List。（ ）

4．做好客房接待服务，保障客人的安宁环境。（ ）

5．客房空间是客房的基础，标准间面积不能小于 $14m^2$。（ ）

信息页二 送客服务

送客体现着对宾客的尊重与关心，在酒店的客房服务中是不可或缺的服务项目。在送客过程中，服务人员应做到礼貌、耐心、细致、周全，使客人满意。送客服务是客房楼层服务流程的结束环节，良好的送客服务可使顾客有完美的感觉，对稳定客源具有重要意义。

一、送客准备工作

(1) 掌握客人离店的准确时间。

(2) 检查代办事项是否还有未完成的。

(3) 征求即将离店客人的意见和要求，并提醒客人检查自己的行李和物品，不要将物品遗留在房间。

(4) 了解客人离店时是否需要叫醒服务。

(5) 检查客人洗衣、借用物品等事项是否办妥。

二、礼貌送客

(1) 客人准备离开楼层时，服务人员应热情地将客人送到电梯口，并迅速地为客人叫电梯。

(2) 当电梯门关上 1/3 时，面向客人微微鞠躬告别，并礼貌地说："欢迎您再次光临！"

(3) 当电梯门关闭后，迅速返回客人住房进行检查。

三、检查客房

(1) 检查房间设备有无损坏，物品有无丢失。

(2) 如果发现客人使用了客房小酒吧内的酒水、食品，应立即告知前台收银，并将酒水单填好后送交前台。

(3) 检查结果要在 3 分钟内报告前台收银处。

(4) 发现客人有遗留物品时，应及时递交宾客。

四、善后工作

(1) 处理客人委托或交办的事项。

(2) 客人离店后要迅速清洁(整理)房间，并通知前台。

(3) 查房后做好离店客人情况的记录。

知识链接 顾客遗留物品记录表

房号		签名	
入店日期		离店日期	
物品名称			
拾物位置		拾物者	
交客房部日期时间		客房部编号	
顾客取回日期时间		部门经手人	
备注：			

任务单二 送客服务

以小组为单位，分别扮演客人和服务员，按照迎接标准进行迎客服务，主要以电梯厅迎接客人和为客人介绍房间两个活动为主。

任务名称	工作要求	评价标准	完成情况	自评/互评
引领服务	1. 掌握客情	了解客人的房号、姓名、性别及到店次数	是　否	
	2. 微笑服务	始终保持微笑	是　否	
	3. 迎接服务	1. 接过客人的行李/衣服，引领客人到所在房间 2. 行走过程中，始终保持在客人右前方0.5m 的距离	是　否	
入住介绍服务	1. 微笑服务	与客人交谈时要面对客人、面带微笑	是　否	
	2. 介绍得当	语言得体，简明扼要，把握原则	是　否	
	3. 退出得体	征求客人有无其他要求，祝客人住得愉快，面对客人退出，将门轻轻关上	是　否	

活动二　客房小酒吧服务

为了方便住店客人在客房内饮用酒水饮料和使用小食品，一般酒店都会在客房内设有小酒吧，一些较高档的酒店还会在客房内设置小型酒吧台，按酒店规定向客人提供酒水、饮料以及一些简单的食品，并提供配套的酒杯、水杯、调酒棒等用品。为了方便管理，小酒吧上还会放置消费账单。

信息页　客房小酒吧服务的操作流程

在提供客房小酒吧(Mini Bar)服务时，客房服务员应遵循以下操作规范。

一、客房小酒吧的检查、输账

(1) 客房服务员每天清扫客房时，须检查客人是否饮用过客房小酒吧的酒水。

(2) 根据客人饮用的酒水种类、数量，将费用及时通知客房服务中心进行输账。

(3) 在交班前由专人将填写好的客房小酒吧账单送至房间。

(4) 客房服务员打电话至客房服务中心，将客人饮用客房小酒吧的酒水品种、数量及费用通知客房服务中心电脑员进行输账。

(5) 输账时要核对清楚房间号码及消费金额。

二、客房小酒吧的补充、领取

(1) 根据酒店的规定，及时补充客房小酒吧的酒水消费品。

(2) 在补充时，要注意检查饮料和食品的有效期。

三、客房小酒吧账单

客房小酒吧的设立既方便了客人，同时又能够增加饭店的经济收入。客房服务员每天清洁房间时必须检查客房小酒吧的消耗量，并如实填写酒吧账单(或由客人填写)。客房小酒吧账单(如表 3-1-1 所示)通常是一式三份，两份交结账处，另一份作为对客房酒水食品进行补充的凭证。

表 3-1-1　客房小酒吧账单

存量 (Stock)	名　　称		耗用 (Consumption)	单价(RMB) (Unit Price)	金额(RMB) (Amount)
2	啤酒	BEER		15	
2	矿泉水	MINCRAL　WATER		10	
2	可乐	COCACOLA		10	
2	雪碧	SPRITE		10	
2	苏打水	SODA　WATER		10	

(续表)

存量 (Stock)	名　称		耗用 (Consumption)	单价(RMB) (Unit Price)	金额(RMB) (Amount)
2	速食面	NOODLE		10	
2	巧克力	CHOCOLATE		30	
2	小食品	SNACK		30	
总数　Total					

房号　　　　　　　　核点员　　　　　　日期　　　　　　时间

ROOM NO._____　　CHECKER_____　　DATE_____　　TIME_____

四、客房小酒吧服务的注意事项

(1) 按照酒店要求摆放好酒水、小食品、酒具及酒单。

(2) 注意检查客房小酒吧内的酒水、食品是否在有效期内。

(3) 检查酒水、食品外包装是否完好、清洁，不能有破损。

(4) 客人离店时要及时进房检查，防止跑账情况出现。

(5) 因特殊情况，小酒吧物品不能及时补充的，要做好交接班。

任务单 客房小酒吧服务案例分析及实践操作

客人退房离开后，服务员进入 B1205 房间进行客房小酒吧服务。发现房间内有喝剩的雪碧、可乐、啤酒各 3 罐以及泡面两盒，还有许多爆米花等膨化零食包装袋。如果你是本次当班人员，该如何完成客房小酒吧服务？

1. 正确填写客房小酒吧账单。

存量 (Stock)	名　称		耗用 (Consumption)	单价(RMB) (Unit Price)	金额(RMB) (Amount)
2	啤酒	BEER		15	
2	矿泉水	MINCRAL　WATER		10	
2	可乐	COCACOLA		10	
2	雪碧	SPRITE		10	
2	苏打水	SODA　WATER		10	
2	速食面	NOODLE		10	
2	巧克力	CHOCOLATE		30	

(续表)

存量 (Stock)	名　称	耗用 (Consumption)	单价(RMB) (Unit Price)	金额(RMB) (Amount)
2	小食品　　SNACK		30	
总数 Total				

房号　　　　　　核点员　　　　　　日期　　　　　　时间
ROOM　NO._____　CHECKER_____　DATE_____　TIME_____

2. 叙述客房小酒吧服务的过程。

活动三　洗衣服务

洗衣服务也是酒店服务中的一个重要环节。对于一些有特殊要求的衣物，必须掌握其服务要点与程序，以正确有效地为客人做好洗衣服务。

信息页　客衣收取流程

一、收取客衣

1. 收衣时间

每日中午 12:00 点以前，收取宾客需要洗涤的衣服。

2. 收取方式

(1) 客人直接告知客房服务员需要洗衣服务。

(2) 客人将需要洗涤的衣服装入洗衣袋中，填好洗衣单(如表 3-1-2 所示)，一并交给客房服务员。

(3) 客人将需要洗涤的衣服装入洗衣袋中，放在房间的床上或明显的地方。

表 3-1-2　洗衣单

××酒店

××Hotel

洗衣服务 Laundry Service

客人姓名 Guest Name: _____　　房号 Room No.: _____

请在适当空格上填写"√"号　　　　　　　Please indicate with "√"

☐ 即日取衣服务　　　　　　　　　　　☐ 特快服务(收费加 50%)

上午 10:00 前收衣服，当天晚上 7:00 送回　　4 小时内送回衣服，服务时间为上午 8:00 至晚上 8:00

Garments collected before 10:00a.m, to be returned at 19:00

Garments returned within 4hs. Available 8:00a.m~8:00p.m.

☐ 挂起 On Hangers　　　☐ 折叠 On Fold　　☐ 缝补 Mend Stitch　☐ 钉扣 Mend Button

☐ 上浆 Starch

件数 Total Pieces		男士 Gentlemen	单价 Unit Price	金额 Amount	件数 Total Pieces		女士 Ladies	单价 Unit Price	金额 Amount
客人 点数 Guest Count	酒店 点数 Hotel Count				客人 点数 Guest Count	酒店 点数 Hotel Count			
					水洗 Laundry				
		普通恤衫					女恤		
		宴会恤衫					半截裙		
		T恤					半截裙(百褶)		
		运动套装					裙(棉质)		
		内裤					长裙		
		内衣					毛衣		
		内衣(长)					长裤		
		内衣(短)					外套		
		袜子(双)					西装套(2件)		
		手帕					围巾		
		睡衣					文胸		
		风衣					内裤		
		短裤					底裙		
		长裤					丝袜(双)		
		毛衣					手帕		
		外套					睡袍		
		羽绒服(短)					T恤		
		羽绒服(长)					泳衣		
		总数					总数		
					干洗 Dry Cleaning				
		外套					女恤		
		长裤					半截裙		
		西背心					半截裙 (百褶)		

(续表)

件数 Total Pieces		男士 Gentlemen	单价 Unit Price	金额 Amount	件数 Total Pieces		女士 Ladies	单价 Unit Price	金额 Amount
客人点数 Guest Count	酒店点数 Hotel Count				客人点数 Guest Count	酒店点数 Hotel Count			
		西装套(3件)					裙(棉质)		
		西装套(2件)					长裙		
		大衣					毛衣		
		领带					长裤		
		毛衣					外套		
		睡袍					西装套(2件)		
		毛绒衫					围巾		
		围巾					大衣(长)		
		丝恤					大衣(短)		
		短裤					旗袍		
		总数					总数		

净烫 Pressing Only

件数 Total Pieces		男士	单价	金额	件数 Total Pieces		女士	单价	金额
		外套					女恤		
		长裤					半截裙		
		西背心					半截裙(百褶)		
		西装套(3件)					裙(棉质)		
		西装套(2件)					长裙		
		大衣					毛衣		
		领带					长裤		
		毛衣					外套		
		睡袍					西装套(2件)		
		毛绒衫					围巾		
		围巾					大衣(长)		
		丝恤					大衣(短)		
		短裤					旗袍		
		总数					总数		

其他 Others

另加 15%服务费

总　　　额

洗衣须知：

(1) 由于送洗衣物本身质地及状态而造成的问题，酒店概不负责。

(2) 请在"客人点数"栏填上洗衣物件数，否则以酒店填写件数为准。如客人填写有误而酒店又无法与之联络，则以酒店填写件数为准。

(3) 由酒店造成的丢失或损坏，酒店将视衣物价值赔偿，最高赔偿费用不超过洗衣价格的 10 倍。

(4) 所有索赔要求应在酒店送回 24 小时内提出。衣扣、装饰品或衣袋内物品，如有遗失，酒店概不负责。

日期：_____   客人签名：_____

知识链接 客房服务员填写洗衣单的要求

(1) 房号、日期、填写人(经手人)一定要填写清楚，填写人名要填写全名。

(2) 数量、名称要与客人要求的内容相符。

(3) 客人的特殊要求，一定要在洗衣单上注明。

二、送洗客衣

(1) 核对洗衣单所填写的客人姓名、房号、件数、日期、时间是否准确，并做好登记。

(2) 检查客人是否在洗衣单上签字，如果未签字要请客人补签，客人不在时则可以根据酒店程序收取客衣。

(3) 检查客人交洗的衣服是否有破损或有物品遗留在袋内。

(4) 登记客衣时，要把房号、件数、客人对洗涤的要求等填写清楚、准确。

(5) 客人有快洗或特殊洗涤要求的衣物在洗衣单上做好标记，并向洗衣房交代清楚。

三、送还洗衣

(1) 洗衣房送回的衣服，应按洗衣单逐件进行清点；同时，如有不能折叠的衣物需用衣架挂放。

(2) 检查衣物有无破损、褪色、缩水、衣服装饰是否齐全。

(3) 送衣进房时，应按进房程序进房。

(4) 交洗的客衣如有客人投诉，查明情况，妥善处理。

知识链接 衣物洗涤须知

手洗 不可机洗,用手轻轻揉搓,冲洗,最高水温40℃,洗涤时间短	机洗 最高水温40℃ 机械运转:常规 甩干或拧干:常规
干洗 适用干洗剂四氯乙稀	不可氧漂
不可转笼翻转干燥	不可拧干
悬挂晾干	滴干
不可熨烫	烫斗底板最高温度110℃
烫斗底板最高温度150℃	烫斗底板最高温度200℃

任务单 洗衣服务实训

××酒店入住了几位影视明星,他们要求酒店为其提供客房干洗衣熨烫服务。其中包括大衣 3 件、毛衣 5 件、运动服 2 件,还有 2 件包裹着金属片、人工玉片等装饰物的演出服,并要求加急送回。

请依据上述情况正确填写洗衣单。

件数 Total Pieces		男士 Gentlemen	单价 Unit Price	金额 Amount	件数 Total Pieces		女士 Ladies	单价 Unit Price	金额 Amount
客人点数 Guest Count	酒店点数 Hotel Count				客人点数 Guest Count	酒店点数 Hotel Count			
水洗 LAUNDRY									
		普通恤衫					女恤		
		宴会恤衫					半截裙		
		T 恤					半截裙(百褶)		
		运动套装					裙(棉质)		
		内裤					长裙		

(续表)

件数 Total Pieces		男士 Gentlemen	单价 Unit Price	金额 Amount	件数 Total Pieces		女士 Ladies	单价 Unit Price	金额 Amount
客人点数 Guest Count	酒店点数 Hotel Count				客人点数 Guest Count	酒店点数 Hotel Count			
		内衣					毛衣		
		内衣(长)					长裤		
		内衣(短)					外套		
		袜子(双)					西套装(2件)		
		手帕					围巾		
		睡衣					文胸		
		风衣					内裤		
		短裤					底裙		
		长裤					丝袜(双)		
		毛衣					手帕		
		外套					睡袍		
		羽绒服(短)					T恤		
		羽绒服(长)					泳衣		
		总数					总数		
干洗 Dry Cleaning									
		外套					女恤		
		长裤					半截裙		
		西背心					半截裙(百褶)		
		西装套(3件)					裙(棉质)		
		西装套(2件)					长裙		
		大衣					毛衣		
		领带					长裤		
		毛衣					外套		
		睡袍					西套装(2件)		
		毛绒衫					围巾		
		围巾					大衣(长)		
		丝恤					大衣(短)		

(续表)

件数 Total Pieces		男士 Gentlemen	单价 Unit Price	金额 Amount	件数 Total Pieces		女士 Ladies	单价 Unit Price	金额 Amount
客人点数 Guest Count	酒店点数 Hotel Count				客人点数 Guest Count	酒店点数 Hotel Count			
		短裤					旗袍		
		总数					总数		
净烫 Pressing Only									
		外套					女恤		
		长裤					半截裙		
		西背心					半截裙(百褶)		
		西装套(3 件)					裙(棉质)		
		西装套(2 件)					长裙		
		大衣					毛衣		
		领带					长裤		
		毛衣					外套		
		睡袍					西装套(2 件)		
		毛绒衫					围巾		
		围巾					大衣(长)		
		丝恤					大衣(短)		
		短裤					旗袍		
		总数					总数		
其他 Others									

另加 15%服务费

总　　　额

活动四　客人遗留物品的处理

有些住客比较粗心大意，常常会遗留物品在酒店房间内，因此，客人遗留物品的处理被视作酒店服务规范的一项重要内容之一。正确合适地处理好客人遗留的物品也是体现酒店服务质量的重要标志。

信息页 客人遗留物品的处理工作规范

一、酒店对客人遗留物品的处理规定

(1) 一律上交；拾物不交者，一经发现严肃处理。

(2) 拾遗物品归客房部，由客房服务中心或办公室负责处理。要设立拾遗物品登记保管制度，详细记录拾遗物品或客人遗留物品情况，包括物品名称、拾获地点、时间、拾物人姓名等；并注明房号、客人姓名及离店时间。

(3) 要判断客人遗留的物品究竟是扔掉的还是遗忘的，若认定是客人遗留物品，如现金、珠宝首饰、身份证件、具有文件价值的信函和物件、留在衣柜或抽屉内的物品、仪器零件和器材等，应立刻报告前台，由前台当面联系客人处理解决；若客人已经结账退房离开酒店了，则应报告客房中心，上交遗留物品，并填写"遗留物品记录表"。

二、服务员对各类客人遗留物品的处理规定

(1) 若在走客房内发现贵重物品，服务员应立即打电话通知客房中心。

(2) 若是零星客人，中心值班员应立即与前台联系，设法找到客人。

(3) 若是团队客人，则与团队联络员联系。

(4) 若找不到失主，要立即呼叫大堂副理进行处理，服务员应立即把物品送到客房中心。

三、遗留物品登记备案的规定

(1) 若是一般物品，由服务员立即在"遗留物品记录表"上登记。

(2) 一般物品要与钱币、贵重物品分开填写。

(3) 一般物品整理好后与"遗留物品记录表"一起装入遗留物品袋，将袋口封好，在袋的两面写上当天日期，存入遗留物品室内的格档中，并贴上写有当天日期的标签。

(4) 下班前，在"遗留物品记录表"上清楚地填写此物品的房号、名称、数量、质地颜色、形状、成色、拾物日期及自己的姓名。

(5) 早、晚班服务员收集的遗留物品交到客房中心后，均由晚班的中心值班员负责登记。

(6) 钱币及贵重物品经中心值班员登记后，交主管进行再次登记，并由秘书进行保管。

(7) 遗留物品室每周由专人整理一次。

四、失主认领的规定

(1) 需验明其证件，且由领取人在遗留物品登记表上写明工作单位，并签名。领取贵重物品需留有领取人身份证的复印件，并通知大堂副理到现场监督、签字，以备查核。

(2) 若客人打电话来寻找遗留物品，需问清楚情况并积极查询。若拾物与客人所述相符，则要问清客人来领取的时间。

(3) 若客人不是立即来取，则应把该物品转放入"待取柜"中，并在中心记录上逐日交班，直到取走为止。

(4) 若经多方寻找仍无下落，应立即向经理汇报。

(5) 按国际惯例，客人遗留物品保存期为一年，特别贵重的物品可再延长半年。超过保存期的物品，酒店可按规定自行处理。

知识链接 遗留物品记录表

日期	房号	遗留物名称	数量或型号	发现人	接收人	归还日	取物人	发放人

任务单 客人遗留物品的处理

请模拟以下情境，并完成登记表。

情境：某酒店客房服务员在清理一个旅游团队退房后的客房时，发现 1206 房、1210 房内都有遗留物品。1206 房内是一些放置在抽屉内的用文件袋装好的文件以及放置在床头柜上的迷你仪器；1210 房内遗留的是客人挂在衣橱内的一件运动服以及洗浴室内的洗漱用品。

问题：1. 请依据上述情况正确填写登记表。

2. 请分析上述情况并给出正确的处理方法。

任务评价

学习目标		评价内容	组 内 互 评			组 间 互 评			教 师 评 价		
			😊	😐	🙁	😊	😐	🙁	😊	😐	🙁
知识	应知应会	1. 迎送客人的规范									
		2. 客房小酒吧服务的规范									
		3. 客人遗留物品处理的规范									

(续表)

学习目标		评价内容	组内互评			组间互评			教师评价		
			😄	😐	😟	😄	😐	😟	😄	😐	😟
专业能力	掌握日常服务工作的处理方法	1. 能够正确填写洗衣单									
		2. 能够正确填写小酒吧清单									
		3. 能够正确填写遗留物品记录表									
运作能力	组织能力										
	合作能力										
	解决问题能力										
	自我调节能力										
	创新能力										
态度	真心实意，主动热情 有问必答，通力合作										
评价总结											
改进方法											

任务二 VIP 客人接待服务

工作情境

　　VIP 是 Very Important Person 的简称，意为非常重要的客人。VIP 客人往往具有较高的社会地位，为此，酒店要为 VIP 客人提供充足的享受空间，给予其特殊待遇，让 VIP 客人在酒店多一份优越感和自豪感，以显示其身份和地位。酒店一般会为 VIP 客人提供更专业和个性化的一站式酒店服务，以满足贵宾的需要。

工作情境

具体工作任务

➤ 能够完成 VIP 客人接待服务；

➤ 按要求完成任务单的填写；

➤ 能够根据所学知识完成实训练习。

活动一 接待 VIP 客人的准备工作

酒店会提前按照不同等级的 VIP 做出具有针对性的欢迎仪式，提前按照要求准备好客人所需的各种物品及相关服务。通过情境描述，我们能感受到做好 VIP 客人的接待服务是非常重要的。那如何才能做好 VIP 客人的接待服务呢？

信息页 接待 VIP 客人的准备工作

一、VIP 客人抵店通知

接到客房中心通知后应立即核对客人信息，详细掌握 VIP 客人的等级、到客人数、房间数量，以及宾客的姓名、性别、抵离店时间等客史资料，以便更好地完成接待工作。

二、进行相关工作的部署及准备

(1) 清洁房间：楼层服务员应严格按照清洁程序清扫客房。

(2) 物品准备：按照 VIP 客人等级准备欢迎卡、鲜花水果、餐具和客用物品。

(3) 布置房间：将 VIP 客人所需物品备齐，并确认有无特殊客人的专属物品。

(4) 检查房间：布置好的房间由楼层领班、楼层主管、前厅经理、客房经理进行逐级检查，如发现问题应及时解决。

(5) 迎宾准备：根据气温调节好室内温度，准备好香巾、欢迎茶。如贵宾晚上抵店，应做好夜床。整理好个人仪表，在楼层服务台迎候。

三、VIP 客人的物品准备

(1) VIP A 级：客房内摆放盆花、插花和瓶花；赠送酒店纪念品和工艺品；每日一篮水果(4 色)、4 种糕点及水果刀叉等物品；客房客用品一律是豪华包装、布草特供；客房内放总经理欢迎信及名片；每天摆放两种以上的报纸。

(2) VIP B 级：客房内摆放插花和瓶花；赠送酒店特别纪念品；每天摆放一篮水果(两色)、两种糕点及水果刀叉等物品；客房内放总经理欢迎信及名片；每天摆放两种以上的报纸。

(3) VIP C 级：客房内摆放插花和瓶花；每天摆放水果(两色)及水果刀叉等物品；客房内放总经理欢迎信及名片；每天摆放 1～2 种以上的报纸；做夜床时赠送一枝鲜花或一块巧克力。

知识链接 **VIP 客人的等级划分**

(1) VIP A：党和国家领导人，外国的总统、元首、首相、总理及议长等。

(2) VIP B：我国及外国的各部部长，世界著名大公司的董事长或总经理，各省、市、自治区的负责官员。

(3) VIP C：各地、市的主要党政官员；各省、市、自治区旅游部门的负责官员；国内外文化艺术、新闻、体育等方面的负责人或著名人士；各地星级饭店总经理；各地物资部门负责官员；国内外著名公司、企业及合资企业、外资企业的董事长或总经理；与饭店有重要协作关系的企业厂长或总经理；饭店总经理要求按贵宾规格接待的客人。

任务单 **如何准备接待 VIP 客人**

一、通过到企业调查、利用网络等多种学习途径，了解接待 VIP 客人的准备工作都有哪些具体内容和重要环节。

二、接待 VIP 客人的准备工作实训，并以小组为单位互评实训结果。

活动二 VIP 客人的接待服务

VIP 客人是对酒店极为重要的客人，客人的满意度直接关系到酒店的经营效益和社会声誉。我们有责任让客人在酒店居住期间体会到温馨细致、高质量的服务。

信息页一 迎接 VIP 客人

一、VIP 客人接待流程

1. 总流程(如图 3-2-1 所示)

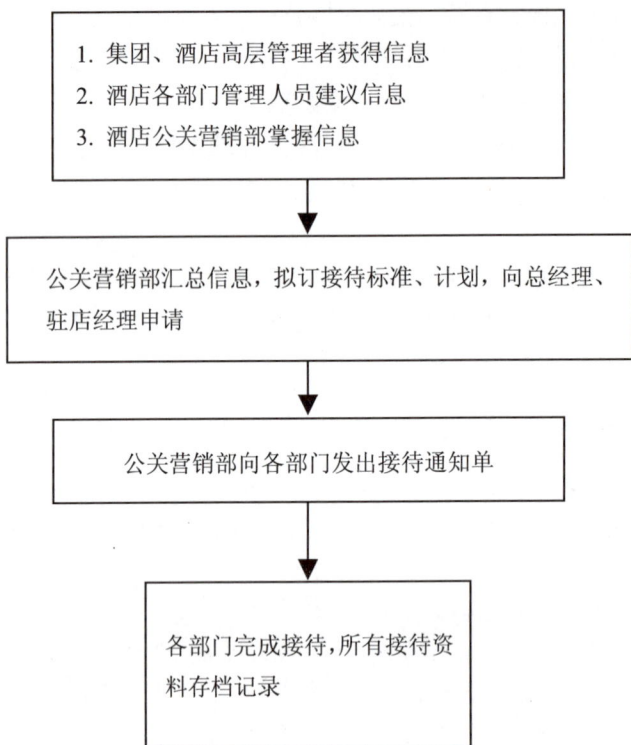

图 3-2-1　VIP 客人接待总流程

2. 具体接待流程

(1) 根据 VIP 客人等级，由部门经理或主管、领班及接待人员站在电梯厅服务台迎接 VIP 客人。

(2) 引领宾客至客人房间，为客人打开房门，请客人先进房间。

(3) 客人进房间后，将香巾及迎宾茶送上。送茶时，应按照先上级后下级、先宾后主、先老后少、先女士后男士的顺序进行。如房间客人较多，应立即补充茶具，并征询客人意见，是否需要增加会客椅。

(4) 为客人介绍房间设施设备，并征求客人意见，是否还有其他事情需要帮助。

(5) 向客人告别，祝客人居住愉快。退出房间，并轻轻关上房门。

二、VIP 客人迎送规格

(1) VIP A：由总经理率酒店管理人员及相关接待人员在大厅门口迎送客人。

(2) VIP B：由总经理、大堂副理在大门口迎送宾客。

(3) VIP C：视情况，由总经理或副总经理、大堂副理在大门口迎送宾客。

三、VIP 客人安全保卫规格

(1) VIP A：事先保留车位；酒店四周有警卫巡视；客人上下设有专用客梯；楼层、公共区域设有固定安全岗。

(2) VIP B：事先保留车位；视情况设专用客梯；视情况设安全岗。

(3) VIP C：合理配备保安人员，做好 24 小时楼层巡视。

知识链接 **VIP 申请接待表**

VIP				国籍	
接待单位					
抵店时间			离店时间		
接待要求	接待等级　□VA　□VB　□VC　□VD				
	特别说明：				
申请部门		申请人		申请时间	
批　准　人				批准时间	

任务单一 如何迎接 VIP 客人

请完成下列空缺内容。

VIP 级 别	迎 送 规 格	安全保卫规格
	由总经理、大堂副经理在大门口迎送宾客	
		事先保留车位；酒店四周有警卫巡视；客人上下设有专用客梯；楼层、公共区域设有固定安全岗

信息页二 VIP 客人住店服务

一、整理房间

按整理房间的规格要求，上午进行重点整理，下午进行一般整理，晚上进行寝前整理，VIP 客人的房间应随时进行小整理。各级 VIP 客房布置，如表 3-2-1～表 3-2-3 所示。

表 3-2-1　VIP A 级客房布置

品　名	规　格	数　量	摆放位置	备　注
鲜花	高档盆插	大小号各 2 盆	主卧室、写字台、客厅茶几、卫生间浴缸上	酒店花房提供，每日更换
晚间鲜花	藤编花篮	1 篮	床头	酒店花房提供，每日更换
果篮	高档果篮	1 篮	客厅茶几	进口水果，每日更换
酒水	进口红葡萄酒	1 瓶	小酒吧台	配镀银冰桶及 4 只酒杯
欢迎点心	西点和巧克力	4 块	盛放于漆器盘内，置于小酒吧台上	酒店定制，每日更换
晚间小食	夜床巧克力	1 盒	床头	酒店定制
绿色植物	有生命的	2 盆	客厅、卫生间	视区域面积
欢迎卡	酒店贵宾专用	1 张	鲜花上	总经理签名
浴袍	丝质、绣姓名	2 套	衣橱、床上	酒店定制
易耗品	烫金	1 盒	卫生间	洗漱用品
	烫金，印制姓名	3 张、2 件、若干页	服务指南	信纸、信封、宣传页

表 3-2-2　VIP B 级客房布置

品　名	规　格	数　量	摆放位置	备　注
鲜花	普通盆插	大小号各 1 盆	主卧室、写字台	酒店花房提供
晚间鲜花	普通花篮	1 篮	床头	酒店花房提供
果篮	中档果篮	1 篮	客厅茶几	进口水果，每日更换
酒水	国产红葡萄酒	1 瓶	小酒吧台	配 4 只酒杯
欢迎点心	西点或巧克力	4 块	小酒吧台	酒店定制，每日更换
晚间小食	夜床巧克力	1 盒	床头	酒店定制
绿色植物	有生命的	1 盆	客厅	视区域面积
欢迎卡	酒店贵宾欢迎卡	1 张	鲜花上	总经理签名
浴袍	丝质	2 套	衣橱、床上	酒店定制
易耗品	烫金	1 盒	卫生间	洗漱用品

表 3-2-3 VIP C 级客房布置

品 名	规 格	数 量	摆 放 位 置	备 注
鲜花	普通花篮	1 篮	写字台	酒店花房提供
晚间鲜花	康乃馨	1 枝	床头	酒店花房提供
果篮	普通果篮	1 篮	客厅茶几	国产水果，每日更换
欢迎饮料	鸡尾酒	1 扎	迷你吧台	酒店自制
欢迎点心	西点或巧克力	4 块	小酒吧台	酒店定制，每日更换
晚间小食	夜床巧克力	1 盒	床头	酒店定制
绿色植物	有生命的	1 盆	客厅	视区域面积
欢迎卡	酒店贵宾专用卡	1 张	鲜花上	总经理签名
浴袍	丝质	2 套	衣橱、床上	酒店定制
易耗品	烫金	1 盒	卫生间	洗漱用品

二、额外服务

1. 擦鞋服务

(1) 收取客人的鞋：当客人需要擦鞋服务时，会将皮鞋放在壁柜的鞋篓里，或者打电话告诉客房服务中心或值班服务员。客房服务员在做夜床和每天的例行大清扫时，应注意查看鞋篓中有无摆放皮鞋；如果是客人打电话要求擦鞋服务，则客房服务员应在 10 分钟内赶到客人房间收取客人的鞋。同时，收鞋时应注意检查鞋子是否完好，有无破损的地方，若发现有，要及时跟客人讲清楚，以免发生误会。注意，应询问客人，何时需要送回擦好的皮鞋。

(2) 擦好送回房间：擦拭皮鞋工作要求服务员熟悉各种皮鞋及鞋油的性能，根据客人皮鞋的特性，选择适宜的鞋油和相应的擦法，特别是高档皮鞋更应注意鞋油与擦拭方法的选择。擦鞋时应将鞋跟、鞋底用湿布擦拭干净，送回时应放在鞋篓内，并征求客人的意见及是否满意。

(3) 如果服务员无法确定客人鞋的特性，可联系相关岗位办理，或建议客人到店外专业擦鞋服务店进行处理。

2. 托婴服务

(1) 受理客人护婴要求：请客人填写婴幼儿看护服务申请表，写清客人房号、姓名，看护服务的时间、地点，婴幼儿的姓名、性别、年龄、健康状况、特殊要求，以及紧急联系人，并让客人签字。

(2) 看护婴幼儿：看护人按时抵达看护地点，耐心、细致、周到地为客人提供看护婴幼儿服务。在看护过程中，不能离开婴幼儿，以避免婴幼儿摔、磕、碰等现象的发生；不要让婴幼儿接近容易碰伤、刺伤人的东西；不允许随意给婴幼儿饮食，更不能给其饮食自己的食品，必须按照客人的要求喂食；遇有婴幼儿身体不适时，及时与其父母或紧急联系人联系，并汇报上级。

任务单二 VIP 客人住店服务

请依据所学知识整理出不同级别 VIP 房布置的相同点和不同点。

级　别	相　同　点	不　同　点
VIP A		
VIP B		
VIP C		

活动三　VIP 客人的离店服务

　　VIP 客人离店前服务员要帮助客人做好离店前的各项准备工作，使其在临行前依然能享受到各方面的关照，避免客人因为时间紧迫，而出现不必要的差错。

信息页 VIP 客人的离店服务

一、准备工作

(1) 掌握客人离店的确切日期及时间，检查是否有未完成的代办事项和各种账单，以防遗漏。

(2) 核实客人是否需要叫醒服务及早餐服务。

(3) 问清客人是否需要帮助打包行李。

二、送客服务

(1) 客房部经理提前安排专人负责，接到客人离店通知后立即安排相关人员进行送客服务。

(2) 楼层经理安排专人或亲自在电梯厅等候客人。

(3) 客人到达电梯厅后，为客人按梯。

(4) 向客人道别，并祝客人旅途愉快。

(5) 客人离开楼层后，迅速将信息汇报给客房部经理。

(6) 客房部经理及时联系相关岗位或人员，确认客人是否已经全部离店。

(7) 客房部经理将客人离店信息通知管家部电脑中心。

三、善后服务

(1) 客人离店后,应迅速检查客人房间。

(2) 检查房间时,应及时、迅速、细致,避免遗漏。

(3) 核对客人酒水消费情况报前台收银。

(4) 检查房间是否遗留客人的物品、文件等。若未发现有遗留物品,将检查房间结果汇报给客房部经理。

(5) 如发现有客人遗留物品,应立即取出。迅速汇报客房部经理或联系接待单位负责人。

(6) 按照客房部经理或接待单位的要求,保管好遗留物品,或按照要求将遗留物品送到指定地点。处理完毕后,将处理结果汇报给客房部经理。

四、总结建档

(1) 客房部经理应对所属管区的接待工作进行总结。

(2) 总结接待服务中的不足之处。

(3) 总结接待服务中的信息传递及反馈是否到位。

(4) 总结接待服务中相关岗位的协调和沟通是否顺畅。

(5) 总结接待服务中是否有需要改进的地方。

(6) 对客人提出或我们发现的客人的一些特殊要求或喜好,认真地做好客史记录。

知识链接 **VIP 客史档案**

一、客史档案内容

客人姓名、职业、出生日期、通讯地址、电话号码、抵店日期、离店日期、喜欢的房号与桌号、经常提出的特殊服务要求、饭店每次给予的优惠和折扣、每次住店的消费金额总计。

二、客史档案用途

(1) 有助于完成客人再次抵店前的准备工作;

(2) 市场调研资料的收集等,是饭店营销与公关的重要信息来源,也是饭店提供有针对性的个性化服务的依据。

任务单 **VIP 客人的离店服务**

判断题。

1. 主动为客人打包行李。(   )

2. 由客服部领班将客人离店信息通知管家部电脑中心。（　　）

3. 客人离开楼层后，迅速将信息汇报给客房部经理。（　　）

4. 若发现有客人遗留物品，应立即取出，迅速汇报客房部经理或联系接待单位负责人。（　　）

5. 总结接待服务中的不足之处以及接待服务中的信息传递与反馈是否到位，相关岗位的协调和沟通是否顺畅。（　　）

任务评价

学习目标		评价内容	组内互评			组间互评			教师评价		
			😀	😊	😕	😀	😊	😕	😀	😊	😕
知识	应知应会	1. 了解 VIP 服务的准备工作									
		2. 掌握 VIP 服务的接待内容									
		3. 掌握 VIP 客人的离店服务内容									
专业能力	熟练掌握 VIP 客人的服务接待	1. 能熟练针对不同级别进行客房布置									
		2. 能熟练完成 VIP 客人的离店服务程序									
运作能力	组织能力										
	合作能力										
	解决问题能力										
	自我调节能力										
	创新能力										
态度	真心实意，主动热情 有问必答，通力合作										
评价总结											
改进方法											

任务三 处理客人投诉

客人原已预订了某酒店的标准房，但因酒店客满，就打算介绍他到别的酒店。客人虽然答应了，但却因此致使其开会迟到了，就要求酒店给个说法。对此，应当怎样处理解决呢？

类似这样的投诉情况还有不少，我们只有及时了解投诉的原因，并施以合理恰当的处理办法，才能体现出酒店的服务水准与优势。

具体工作任务

➤ 能及时了解客人投诉的原因；

➤ 能根据投诉原因顺利处理投诉。

活动一 了解客人投诉的原因

客人的投诉原因形形色色，有些是由于酒店自身服务不到位造成的，也有些是客人自身原因引起但却归咎于酒店的。因而，熟悉常见的投诉起因，对于恰当处理投诉有着极大的帮助。

信息页 客人投诉的原因

一、对酒店人员的投诉

(1) 服务员的工作不到位。

(2) 对客服务态度不佳，给客人脸色看。

(3) 服务员个人形象邋遢不佳。

(4) 服务不规范。

二、因酒店产品引起的投诉

(1) 菜肴问题，如有头发丝、异物、昆虫、线头等。

(2) 上菜速度慢以及菜肴口味不佳。

(3) 卫生不合格，如房内有异味等。

(4) 房内配套物品不齐全，如缺少衣架、拖鞋等。

三、因设施设备引起的投诉

(1) 隔音效果极差。

(2) 电视、电灯、空调运转不佳。

四、来自客人自身原因的投诉

(1) 客人期望值过高,与酒店提供的服务标准有较大差距。

(2) 客人自身情绪不佳,寻找发泄渠道。

五、其他因素

(1) 意外事件发生,如物品被盗、意外受伤等。

(2) 突发事件的发生,如突然停电、停水、发生火灾等。

知识链接 投诉对酒店产生的影响

(1) 正面影响:提高管理质量;有机会挽回酒店声誉;处理好投诉,可改善宾客关系;有助于积累经验,发现其他问题。

(2) 负面影响:使酒店声誉受到一定程度的损害;造成客源流失;影响酒店效益。

任务单 分析客人投诉的原因

请分析下列案例是由于哪一类投诉引起的。

案例分析 1:客人凌晨一点多入住,进房 10 分钟后反映房间太小、床太小、不能上网,要求取消入住,并退还所有费用。酒店表示,当时客人是同意入住的,并且房内所有的设施都已经动过,门店已客满,无法为其更换其他房型,且已过凌晨,电脑已入账,无法退钱。客人表示不能接受,于是投诉。请问如何解决较妥?

答:属于_____投诉原因。

案例分析 2:客人晚上入住,发现床上有一只臭虫,要求:①道歉;②换房;③免房费,并称如果不免房费就反映到报社。

答:属于_____投诉原因。

案例分析 3:客人入住后觉得油漆味重,小孩头晕,其中一位是过敏体质,也觉得不舒服,酒店便安排客人到其他酒店去住。此时,客人表示要在酒店备案,万一身体出现问题,酒店要负责。

答:属于_____投诉原因。

活动二 投诉处理

宾客的投诉多种多样，处理好这些投诉问题，虽然需要有较强的应变能力，但对于一些比较常见的问题，还是可以遵循一些常规的处理原则的。因此，灵活掌握投诉处理的方法与原则，将会在处理宾客投诉问题上有长足的进步。

信息页 投诉处理的方法与原则

一、以正确的态度处理投诉

要持欢迎的态度接受投诉，不可忽视客人维护自身利益的权利；同时也不可忽视，此次提高酒店服务质量的机会。

二、不打断客人投诉，善于倾听，适当表示对客人的同情与理解

(1) 要让客人把话说完，切勿打断或任意解释客人的叙述。

(2) 处理人员要保持冷静、镇定，表现出对对方的高度重视与礼貌。

(3) 处理时，要真诚、友好、谦和，适当地表现出同情。

三、边听边记录

(1) 一方面能体现出酒店的重视程度，另一方面也能作为处理问题的原始资料。

(2) 记录内容基本包括：客人姓名、投诉时间与内容。对于投诉要点应详细记录，时刻注重细节。

(3) 适时复述，表示对客人的重视，平缓客人的愤怒。

四、抓住客人投诉的心理

(1) 客人投诉的三大心理，即求尊重、求发泄、求补偿。

(2) 处理时，要正确辨别客人抱有哪种心理。

(3) 尤其在处理求补偿问题的时候，如果处理人没有权限，则必须请示上一级管理人员。

五、要有足够的耐心

(1) 处理人员不能随着客人的情绪波动而波动，不得失态。

(2) 即使客人故意刁难、无理取闹，也不应与之大声争吵。

六、尝试角色对换，多角度考虑问题

站在客人的角度与立场考虑问题，使客人感到被理解，进而转化为感谢。

七、兼顾宾客与酒店双方的利益，迅速解决投诉问题

(1) 不能推诿客人的投诉，应当积极地想办法解决，征得客人的意见后马上实施。

(2) 避免处理时让自己陷入尴尬境地，处理人员不能随意作决定或完全否定，要给自

己留有余地。

(3) 决不能作出超出自己权限范围以外的承诺，以免留下后遗症。

知识链接 客人投诉登记表

顾客姓名： _____ 国籍： _____ 房号： _____

投诉内容： _____

_____

_____

时间： _____

受理人： _____

处理结果： _____

_____

时间： _____

内部处理意见： _____

_____

时间： _____

备注： _____

任务单 处理投诉

试分析以下各类情况，并正确填写投诉登记表。

情况 1： 2011 年 1 月 7 日 905 房的杨江先生投诉，衣服送洗回来有污渍。

情况 2： 1016 房的陈祺光先生于 2011 年 4 月 3 日投诉，1015 房有人打麻将，声音太吵。

情况 3： 2011 年 5 月 21 日 531 房的吴国忠先生投诉房间墙壁边水管有流水声，导致夜晚无法入睡。

客人投诉登记表

顾客姓名： _____ 国籍： _____ 房号： _____

投诉内容： _____

_____

_____

时间： _____

受理人： _____

处理结果： _____

(续表)

顾客姓名:	国籍:	房号:

时间: _____

内部处理意见:

时间: _____

备注:

任务评价

学习目标		评价内容	组内互评			组间互评			教师评价		
			😀	🙂	🙁	😀	🙂	🙁	😀	🙂	🙁
知识	应知应会	1. 掌握客人投诉的原因									
		2. 熟练掌握处理投诉的方法									
专业能力	能熟练灵活地处理客人的投诉	能正确依据投诉情况填写投诉登记表									
运作能力	组织能力										
	合作能力										
	解决问题能力										
	自我调节能力										
	创新能力										
态度	真心实意,主动热情 有问必答,通力合作										
评价总结											
改进方法											

客房是宾客休息、睡眠的场所，因此，宾客对客房的整洁状况要求很高。能否正确合理地使用、科学妥善地维护和保养，不仅能反映出饭店的服务质量和管理水平，而且还关系到饭店的经济效益和声誉。客房的设施设备一般包括木质家具、电气设备和地毯等，是构成客房实用性的重要条件之一。作为一名客房服务员，在日常的清洁工作中，需要运用正确的方法对家具设备进行基本的维护和保养。

单元四 客房设施设备的清洁保养

任务一　木质家具的清洁与保养

　　某酒店正在进行内部装修与保养。其中一些客房内的木质家具，包括床、围椅、床头柜、壁橱、行李架、写字台、电视柜等，因为受气候等的影响部分出现了变形、发霉、被腐蚀、表面划伤及磕碰受损等现象，这就使得保养的费用大大提高了。所以，如果客房服务员能充分了解家具清洁保养的方法，就不但能大大延长家具的寿命，还能有效地降低酒店的经济损失。

具体工作任务
➤ 木制家具的擦拭；
➤ 木质家具的防水、防潮、防热及防虫蛀；
➤ 木质家具打蜡。

活动一　木质家具的清洁

　　客房内木制家具的保养与清洁是酒店工作的一个重要环节，如何保证家具在使用过程中始终保持依旧如新的状态，仔细了解与掌握木制家具的特点及其擦拭方法是必不可少的。

信息页　家具的擦拭要求

　　每天有效地擦拭家具是预防家具损坏的方法之一，正确的擦拭方法才能使家具的保养效果显著。家具的擦拭要求如下。

　　(1) 不能用过湿的抹布，要准备一湿一干两块抹布，擦拭时先湿后干。用于擦尘的抹布一定要选用柔软、吸水性能好、不掉布毛的布巾。

　　(2) 在潮湿的春季及雷雨较多的夏季，如果遇到难以擦拭的污垢，可用抹布蘸少量中性清洁剂或多功能清洁剂擦拭，再用略湿润的抹布擦净。

　　(3) 在秋冬等较干燥的季节可用微湿软布顺着木质家具的纹理轻轻擦拭，以保持实木家具的含水量以防止开裂。注意，不要用干布揩抹，以免擦花。

知识链接 家具擦拭注意事项

(1) 擦尘的方法可分为干擦(抹布全干擦拭)、半干擦(抹布略微蘸水擦拭)和水擦(抹布全部浸湿，拧干擦拭)3 种。

(2) 客房要经常通风，不要把潮湿的毛巾、衣物等棉质品搭放在木质家具上。

任务单 家具的擦拭

一、判断题。

1. 木质家具绝不能用湿布擦拭，以防受潮。( )

2. 如遇到难以擦拭的污垢，可用抹布蘸大量中性清洁剂擦拭，再用湿布擦净。( )

3. 在秋冬等干燥季节可用软布顺着木质家具的纹理用力擦拭，使家具具备足够的水分，以防止开裂。( )

4. 家具表面不能用干布揩抹，以免擦花。( )

二、实践题。

请运用所学知识为操作室内或教室内的木制家具做擦拭保养。

活动二 木质家具的保养

木质家具受潮后，会长霉、开胶、变形和脱漆，特别是在长期封闭不通风，又较潮湿的房间，更会加速其损坏。木质家具既怕潮湿又怕长期暴露在日光下暴晒或热源烘烤。由于木质家具容易开裂变形，所以防热也是对家具保养的要求之一。其次木质家具同样会受到虫害的侵蚀，特别是使用年限较长的家具。要保护好木制家具，必须了解害虫的习性，采取有针对性的措施。

如何才能解决好这些问题呢？下面就让我们一起来了解一下吧！

信息页一 木制家具的防水、防潮和防热

木制家具都很"娇气"，而且比较容易受到潮气的侵袭，一旦遇湿便容易膨胀发霉。对此，可以针对不同情况采取下面这些方法防患于未然。

(1) 雨季应将实木家具靠墙部分距离墙面 1cm 左右摆放，以免在潮湿季节吸收过多的湿气。

(2) 定期为家具打蜡，每隔 6～12 个月，用专用的家具膏状蜡为家具上一层蜡。而在上蜡之前，应用较温和的非碱性肥皂水将旧蜡抹除。

(3) 如果遇到实木家具发霉的情况，可先用干净软布蘸点中性清洁剂或家具专用清洁剂清除，然后在发霉的部分轻轻抹上一层家具蜡或家具专用精油，并在有霉味的地方放块香皂或装满了晒干茶叶渣的纱布包，这样有助于消除霉味。

(4) 在使用人造板家具时要注意防水，可以在家具下方加装防水垫；而对于靠近外墙或卫生间墙面的家具，则最好留有通风距离。

(5) 干燥的环境是木制家具的"杀手"，此环境更容易产生灰尘，如不能定期清洁除灰，细小缝隙中容易积灰，时间长了难以清洁且影响美观。同时，应给家具打上固体蜡，以降低缝隙扩大的幅度。

(6) 冬季气候比较干燥，需要尽量缩短开窗时间，保持屋内湿度。房间的湿度控制在50%左右对于家具的保养比较有利。

知识链接 木质家具保养的注意事项

(1) 木质家具摆放无法避开热源或强光照射时，可采取放隔板隔离或遮盖的方法，减少损伤。

(2) 在木质桌面放置热茶杯时，最好使用杯垫。

(3) 除尘(先擦去家具表面的浮尘)——打蜡(用细软布包裹好白蜡或其他上光蜡，轻轻抹在家具表面)——上光(用干净细软的干抹布反复擦拭，约15分钟后再擦拭一遍)。

(4) 家具打蜡最好选择在晴天进行。打蜡时蜡层薄厚要均匀适度。若是用喷雾型家具保养蜡，喷洒时要距家具表面约15cm，且要均匀。

任务单一 木制家具的防水、防潮及防热

一、完成表格中的内容。

任 务 内 容	具体操作要求	注 意 事 项
防水、防潮		
防热		
防虫蛀		
防摩擦、防生拉硬拽		
打蜡上光		

二、选择题。

1. 下列做法不利于家具保养的是(　　)。

　　A. 摆放时远离暖气片　　　　　　　　B. 搬运时要轻拿轻放

　　C. 定期打蜡上光　　　　　　　　　　D. 放置时要紧靠墙壁

2. 家具打蜡后要反复且重复擦拭,其间隔约为(　　)分钟。

　　A. 5　　　　　　　B. 10　　　　　　　C. 15　　　　　　　D. 30

3. 给家具上光打蜡的目的不包括(　　)。

　　A. 隔热　　　　B. 防止失去光亮　　　C. 不会附着灰尘　　D. 防潮

三、实践题。

请运用所学知识对操作室内的木制物品进行防水、防潮及防热等方面的检查与保养。

信息页二 木质家具的防虫蛀

虫子对木制品情有独钟,但为了保护木制家具不受其侵害,我们必须学习和了解相关方法与措施。

(1) 保持木质品表面的清洁,漆面完整无残缺,定期使用有杀虫防虫作用的抛光蜡剂。也可于表面用浓盐水多涂抹几次。

(2) 在抽屉、壁橱、柜子内喷洒杀虫剂,放置防虫剂;或以棉花蘸取樟脑油,做成樟脑棉花丸,放置于木制家具内。

(3) 将适量尖辣椒或花椒,捣碎成末,塞入蛀孔,并用开水冲注,可杀虫,也可防虫蛀蔓延。当木柜被虫蛀时,可用敌敌畏和水以 1∶5 的比例配成药液,用喷雾器全面喷射,让药液渗入木柜内,要连续喷洒 3～5 次,经 8 小时后,可杀死全部蛀虫。然后将木柜用清水洗刷干净后晒干。

(4) 对于木质地板可用无色的光油刷一遍,这样既可以增加地板的光亮度,又可以灭虫。因为刷了光油后,地板与空气隔绝,蛀虫在无氧气的条件下就无法生存了。

知识链接 木质家具的虫蛀危害

(1) 家具内甲虫的幼虫被称为蛀虫,能在木材中钻出圆滑的孔洞,幼虫 3 年之后变为成虫离开,不但留下了许多洞径,还会留下后代,继续啃食木材,加速其朽蚀。

(2) 白蚁对竹木制品也是严重的危害。白蚁喜欢在阴暗潮湿和不通风的地方生活,其一个群体可达几十万只,繁殖很快、危害极大。

任务单二 木质家具的防虫蛀

一、连线题。

以棉花蘸取樟脑油,做成
樟脑棉花丸

以 1:5 的比例配成药
液,用喷雾器全面喷洒

当木柜被虫蛀时,可用敌
敌畏和水

既可以增加地板的光亮
度,又可以灭虫

用无色的光油

放置于木制家具内

二、实践题。

请运用所学知识,为操作室或教室内的木制物品进行防虫处理。

任务评价

学习目标		评价内容	组 内 互 评			组 间 互 评			教 师 评 价		
			😀	😐	😧	😀	😐	😧	😀	😐	😧
知识	应知应会	1. 木制家具的擦拭									
		2. 木质家具的防水、防潮、防热及防虫蛀									
		3. 木质家具打蜡									
专业能力	木制家具的清洁与保养	1. 擦拭木质家具时抹布的选用									
		2. 家具的擦拭方法									
		3. 喷洒杀虫剂的操作方法									
		4. 家具打蜡上光时工具的选择									
		5. 家具打蜡上光时的操作程序									
		6. 家具打蜡上光工具的使用方法									

(续表)

学习目标		评价内容	组内互评			组间互评			教师评价		
			😀	🙂	🙁	😀	🙂	🙁	😀	🙂	🙁
运作能力	组织能力										
	合作能力										
	解决问题能力										
	自我调节能力										
	创新能力										
态度	真心实意，主动热情										
	有问必答，通力合作										
评价总结											
改进方法											

任务二　客房设备的清洁与保养

工作情境

客房的电器设备也是客房物品的重要组成部分，主要包括电视、电话、电冰箱、空调等。正确地使用和保养电器设备能延长其使用寿命，降低客房部的运作成本，保证客房服务的质量。

今天正巧是客房部的卫生和日常清洁工作检查日，让我们一起来检查一下。服务员能否正确地对房间内的电视机、冰箱、空调等设备依次进行清洁保养？

具体工作任务

➤ 电视机的保养；

➤ 电冰箱的保养；

➤ 空调的保养；

➤ 空调过滤网的清洗。

活动一 电视机的清洁与保养

电视机是我们在酒店客房中最常见的电器设备之一,它的使用频率也是最高的。因此,了解与掌握电视机的清洁与保养工作是当务之急。

信息页 电视机的清洁与保养

(1) 平时用柔软的干布和中性清洁剂或半湿抹布擦拭电视机外壳,用牙刷刷净缝隙处的灰尘,有孔的部位用棉签擦干净,屏幕用玻璃水擦净。

(2) 电视机若长期不用,要加罩,拔下电源插头。

(3) 需定期通电去潮气,夏季每月一次,每次 2 小时以上,冬季每 3 个月一次,每次 3 小时以上。

(4) 遥控器要视情况及时更换电池,长期不用时要取出电池。

知识链接 电视机的摆放与使用

(1) 电视机的摆放:放置在通风良好的位置,距墙 5cm 以上,远离高温、潮湿、尘土多的环境和磁性物品,屏幕要背对窗户,避免阳光直射。电视机最好面朝南北摆放,以减少地磁对彩色显像管的影响。

(2) 电视机的使用方法:打开电视机后,机身不要遮盖。雷雨天气最好不开机,并拔下电源插头,切断电源。

任务单 电视机的清洁与保养实训

请完成电视机的保养任务表。

任 务 内 容	具体操作要求	注 意 事 项
摆放位置		
电视机正在运行		
日常擦拭		
长期停运时的保养		

活动二 电冰箱的清洁与保养

一般三星级以上饭店的客房,才会为客人配备容量较小的小型冰箱,使用率一般,但是也不能因此而忽略了它的清洁与保养。下面就让我们来了解一下冰箱的清洁与保养方法。

信息页 **客房冰箱的清洁与保养**

(1) 清洁:冰箱外表的污渍可用中性清洁剂擦拭后,再用干布擦净。冰箱内部要经常清理,避免产生异味,对于附件只能用浸有温水或中性清洁剂的软布擦净。注意,要定期除霜。

(2) 保养:冰箱内不能存放汽油、酒精等易挥发易燃烧的物品,瓶装或罐装的气体饮料不能放在冷冻室内,冷藏室内物品不宜过多,不要紧贴冰箱后壁摆放,不能放入热食物。

知识链接 **正确摆放冰箱**

(1) 搬动冰箱时,切勿剧烈震动,箱体要直立,倾斜角度不能超过 45°,绝对不可以倒置。

(2) 摆放冰箱时,背部应距墙 10cm 以上,要使用独立的电源插座,有可靠的地线保护。

任务单 **客房冰箱的清洁与保养**

请完成电冰箱的保养任务表。

任 务 内 容	具体操作要求	注 意 事 项
摆放位置		
储存食品		
箱体内外擦拭		

活动三 空调的清洁与保养

空调是现代客房必配的电器设备，可分为中央空调和分体空调两种。中央空调由饭店统一控制，每个房间有调节室温的旋钮和开关；分体空调则是安装于客房内，由客人用遥控器自行控制。对于客房服务员来说，掌握正确的清洁和保养方法是必备的工作技能之一。

信息页一 空调的日常清洁

(1) 保持空调整机内外的清洁，每天用干布擦拭机器外部，用软毛刷清洁内部的冷凝器及蒸发器等处的灰尘。

(2) 空调过滤网每隔 2～3 周清洁一次，将过滤网摘下，先用吸尘器或毛刷除去过滤网的灰尘，再用低于 40℃ 的温水(肥皂水、中性洗涤剂溶液)清洗，最后用清水冲净并擦干。

知识链接 正确使用空调

(1) 使用空调送冷气时，最好比室外温度低 4℃～5℃，送暖风时可控制在 18℃～20℃左右。

(2) 空调关闭后再重新启动时，需要等 3 分钟以上。保证空调吸入口和吹风口畅通，不要堵塞。

任务单一 空调的日常清洁

请完成空调的日常清洁任务表。

任 务 内 容	具 体 操 作 要 求	注 意 事 项
空调的日常清洁		
空气过滤网的清洁		

信息页二 空调的保养

(1) 每 4 周检查一次插头和插座，可用手触摸插头判断是否发热，另观察插头是否有打火痕迹。

(2) 每年检查一次遥控器，打开后盖更换电池。

(3) 每半年向蒸发器内注入清水一次，检查排水机情况。

(4) 每 12 周检查一次底板有无松动，运转时有无异常声音。

知识链接 空调运转异常

(1) 空调突然停止工作：需查看电源是否有电、电源插头是否接触良好、插座有无损坏、温控器是否调到合适位置。

(2) 空调不停运转：先查看温控器是否调到合适位置，另外，房间温度过高、面积过大，或开窗通风等也能造成该状况出现。

任务单二 空调的保养

请完成空调的保养任务表。

任 务 内 容	具体操作要求	注 意 事 项
检查空调的插头和插座		
检查空调的遥控器		
检查空调的排水机		
检查空调的底板		

任务评价

学习目标		评价内容	组 内 互 评			组 间 互 评			教 师 评 价		
知识	应知应会	1. 电视机的保养									
		2. 电冰箱的保养									
		3. 空调的保养									
		4. 空调过滤网的清洗									
专业能力	电器设备的清洁与保养	1. 电视机的擦拭保养方法									
		2. 清洁电冰箱外表的清洁剂、抹布的选择要求									
		3. 冰箱外表的清洁方法									
		4. 清洁空调的工具选用要求									
		5. 清洁空调的方法									
		6. 清洁空调过滤网的方法									
运作能力	组织能力										
	合作能力										
	解决问题能力										
	自我调节能力										
	创新能力										
态度	真心实意，主动热情 有问必答，通力合作										
评价总结											
改进方法											

任务三 地毯的清洁与保养

工作情境

　　客房部对房间的检查不仅仅是对空调等设施设备的检查，地毯也是其中一项非常重要的项目，因为酒店中几乎到处可见铺设的地毯。对客房内地毯的清洁与保养要求应尤其严格。接下来，让我们一起来检查一下酒店客房内地毯的清洁与保养工作做得如何吧！

具体工作任务
➤ 对地毯的预防性清洁与保养；
➤ 地毯的日常清洁与保养。

活动一 地毯的预防性清洁与保养

　　地毯具有美观、舒适、安全、保温和降低噪音等诸多功能，因此，采取适当的预防措施，做好防"脏"工作，隔离污染源，是地毯清洁保养最积极、有效且经济实惠的办法。

信息页 预防污渍的方法

　　(1) 喷洒防污剂：地毯在使用前，应在其表面喷洒专用防污剂，在纤维表面形成保护层，隔绝污物，便于清洁。
　　(2) 阻隔污染源：在出入口、通道口和客人活动较多的地方，铺设防尘地毯，依次减少或清除客人鞋底上的污物及尘土，以减轻对地毯的污染。
　　(3) 及时吸尘、更换与清洁。

任务单 对地毯的预防性清洁与保养

一、选择题。
地毯防"脏"、防污染，下列做法中错误的是(　　)。
A. 每天吸尘　　　　　　　　　　B. 使用前在表面喷洒专用防污剂
C. 给每一位进店客人发鞋套　　　D. 在出入口铺上踏脚垫

二、是非题。

1. 地毯的吸尘次数一天不应超过 3 次，以免损伤地毯。（　　）

2. 地毯在使用前，表面用清水冲洗，能有效地隔绝污物。（　　）

活动二　地毯的日常清洁与保养

地毯的日常清洁与保养方法，最常用的就是吸尘与使用清洁剂，如何使其更有效，让我们一起来学习和掌握其相关知识吧！

信息页一　吸尘器的正确选择与使用

一、吸尘器的选择

(1) 吸尘时应交替使用筒式吸尘器和滚擦式吸尘器，以彻底清洁地面。

(2) 一般吸尘器绝对不能吸液体、黏性物质和金属粉末。

(3) 不能用吸尘器吸烟头、碎玻璃片、钉子等尖锐物品及大块的纸团、石块、棉花团等。

(4) 根据清洁的部位选择吸尘器的配件。

二、吸尘器的使用

(1) 吸尘操作时，应手握吸管，将吸嘴平放于吸附物体的表面，内侧(靠近身体的一侧)略抬起，向前推动时，外侧略翘起，行进拉动的速度不宜太快。

(2) 对房间吸尘时，应先从左到右吸边角，再从里向外，后退行进吸地面。

(3) 吸尘时注意不要碰坏墙边的踢脚线，家具、楼梯、边角线应选用合理的配件来清洁。

(4) 具体操作步骤如下：

① 检查电线、电线插头、配件完好情况，集尘袋是否干净。

② 接通电源、开启吸尘器。

③ 选用专用配件，按顺序吸尘。

④ 关闭吸尘器开关，拔掉电源插头，清洁集尘袋。

⑤ 擦拭吸尘器外部及配件，将吸尘器放回工作间。

> **知识链接** 吸尘注意事项
>
> (1) 吸尘器一次连续工作最长不能超过一小时。
> (2) 集尘袋清洁完毕必须晾干后再安装。
> (3) 吸尘时不可用湿手进行操作。

任务单一 吸尘器的正确选择与使用

请依照吸尘器的规范操作要求完成下列检验表。

操 作 项 目	自 检			互 检		
	😊	😛	🙁	😊	😛	🙁
检查电线、电线插头						
接通电源、开启吸尘器						
选用专用配件，按顺序吸尘						
关闭吸尘器开关，拔掉电源插头，清洁集尘袋						
擦拭吸尘器外部及配件，将吸尘器放回工作间						

信息页二 按污渍进行分类的清洁方法

污渍的种类	除 渍 方 法
血渍	1. 吸干 2. 用冷水或冷盐水擦拭 3. 如果还有痕迹，再用蘸上清洁剂的海绵擦拭并吸干 4. 用清水擦净吸干水分

(续表)

污渍的种类	除 渍 方 法
茶渍	1. 吸干 2. 用中性清洁剂擦拭吸干 3. 用酸性溶液擦拭吸干
咖啡渍	1. 吸干 2. 用苏打水或热水加硼砂清除 3. 用清水擦拭吸干 4. 如仍有斑痕，可用少量漂白剂清除
口香糖	1. 将口香糖除迹剂喷在口香糖上或用干冰冷却 2. 待其硬化后用硬物将其敲碎、剔除 3. 若还有痕迹，可用酒精擦拭、吸干
红、白酒渍	1. 马上吸干酒液，在污渍处撒上盐约 2 小时后，用吸尘器吸净即可 2. 若酒液已干，用海绵蘸上清洁剂擦拭，再用清水擦净吸干 3. 对酒液痕迹可用漂白剂处理后吸干
压痕	用 蒸汽熨斗熨烫，再用刷子梳理毯绒

知识链接 地毯清洁注意事项

(1) 清除地毯污渍应选用干布、刷子、吹风机、海绵块及水桶等工具。

(2) 在除渍前如果地毯上有液体，要吸干再清洁。

(3) 使用清洁剂后，必须用清水洗净。

(4) 地毯除渍后必须立即吹干。

(5) 清洁剂最好用温水调兑，效果更佳。

任务单二 清洁地毯上的污渍

连线题。

血渍	用清水擦净吸干水分
咖啡渍	用苏打水或热水加硼砂清除
茶渍	待其硬化后用硬物将其敲碎、剔除
红白酒渍	马上吸干酒液，在污渍处撒上盐约 2 小时后，用吸尘器吸净即可
压痕	用中性清洁剂擦拭吸干

信息页三 按清洗方法分类

当地毯使用过一般时间后，要对其进行全面、彻底地清洗。目前饭店常用的清洗地毯的方法有如下几种。

名　称	适用范围	优　缺　点
干粉洗法	适用于小面积的清洁	优点：不会使地毯过湿或缩水，清洁时对其他工作无影响 缺点：不能够彻底清洁地毯
干泡洗法	适用于清洁不太脏的地毯	优点：对地毯损伤较小，影响地毯使用的时间较短 缺点：必须专业人士操作，机身较重会损坏地毯纤维。停止使用后要马上移出地毯面或用保护垫垫在机器底部
喷吸法	适用于较脏地毯的清洁	优点：去污效果好 缺点：洗后地面湿度大，对地毯损伤较严重，必须由专业人士操作，一般一年只能清洗1～2次
湿旋法	适用于较脏的化纤地毯的清洁	是一种比较传统的方法，洗后地毯湿度较大，会使化纤地毯缩水、退色，对地毯损伤较严重，操作后要封闭工作区，影响地毯使用的时间较长，此方法不能用于羊毛地毯的清洁

任务单三 地毯的清洗

请将下列表格中的内容补充完整。

名　　称	适 用 范 围
喷吸法	
	适用于较脏的化纤地毯的清洁
干粉洗法	
	适用于清洁不太脏的地毯

任务评价

学 习 目 标		评 价 内 容	组 内 互 评			组 间 互 评			教 师 评 价		
			😄	🙂	😕	😄	🙂	😕	😄	🙂	😕
知识	应知应会	1. 地毯的日常保养									
		2. 地毯的日常清洁									
专业能力	吸尘器的使用	1. 检查电线、电线插头									
		2. 接通电源、开启吸尘器									
		3. 选用专用配件,按顺序吸尘									
		4. 关闭吸尘器开关,拔掉电源插头,清洁集尘袋									
		5. 擦拭吸尘器外部及配件,将吸尘器放回工作间									
运作能力	组织能力										
	合作能力										
	解决问题能力										
	自我调节能力										
	创新能力										
态度	真心实意,主动热情										
	有问必答,通力合作										
评价总结											
改进方法											

任务四 客房的周期性清洁与保养

工作情境

　　客房的周期性清洁与保养也称计划卫生，就是在日常清洁卫生的基础上，拟订一个周期性的清洁计划，以定期循环的方式，将日常清洁保养中不易清洁或无须日常清洁保养的部位彻底地进行清洁和维护保养。

　　现在就让我们按计划完成房间、卫生间等的清洁与保养吧。

具体工作任务

➢ 客房内的清洁：床垫的清洁与翻转和电话的消毒；

➢ 卫生间的清洁：喷淋头水垢与金属器具的清洁；

➢ 其他清洁：玻璃、水箱及工作车等的清洁。

活动一 客房内的清洁

　　客房的床由床架和床垫两部分组成，床垫内部由弹簧钢丝构成，有弹性，外部是化纤织物，因此，对床的保养自然要强调对床垫的保养。

　　床垫长期暴露在外，容易受到污染，影响美观，应注意保持其清洁。

信息页 床垫的保护、清洁与电话的消毒

一、床垫的保洁

(1) 在床垫上面加铺一层褥垫，并用松紧带在床垫四周进行固定。经常清除床垫四周边沿的积尘，并检查弹簧的"固定钮"是否有脱落。

(2) 床垫四周边沿的积灰，及时用小扫帚清除或用吸尘器清洁。清除床垫上的污迹，要将床垫竖立起来进行操作。用刷子蘸合适的清洁剂刷净，再用干布吸干水分，防止受潮。

(3) 床垫如果总是一个方向放置，会形成受压力不均衡，影响舒适度及使用寿命。为了保护床垫、延长其使用寿命，应每月翻转一次床垫，使其受力均匀。

(4) 翻转床垫的方法：床垫应头尾调换位置，正反面互换。为了便于记忆，可在床垫的正面头尾处贴上①和②两个标签，在床垫的反面头尾处再贴上③和④两个标签，以示区分。

二、电话的消毒

电话是使用频率较高的一种设备,键盘处容易集尘,话筒不仅要干净,更要卫生,因此必须定期清洁消毒,做好保养工作。

(1) 电话消毒所需要的工具:抹布、酒精棉球及棉签、中性清洁剂、小毛刷或牙刷。

(2) 电话听筒和话筒不可用清洁剂直接喷擦,也不可以用过湿的抹布擦拭,以防受潮而导致杂音的产生。话筒应当定期用酒精棉球擦拭消毒。

(3) 电话消毒的操作步骤:①擦拭听筒及话筒;②擦拭电话机座;③擦拭电话线;④擦拭电话键盘。

(4) 擦拭消毒的方法及要求:①听筒用酒精棉擦拭;②机座喷洒清洁剂,再用干布擦拭;③电话线用干布蘸上清洁剂,将线拉直擦净;④电话键盘用干抹布蘸上清洁剂擦净表面,再用抹布裹住一尖物(如笔尖等)清洁键盘缝隙中的积尘。

任务单 床垫的保洁与电话的消毒实训

请完成下列任务表。

任 务 内 容	具 体 操 作 要 求	注 意 事 项
铺褥垫		
清洁床垫		
翻转床垫		
电话的消毒		

活动二 卫生间的清洁

由于水质的原因,卫生间淋浴喷头长期使用后,会有水垢形成,甚至会堵塞喷淋头,严重影响使用效果。另外,其他设备中的一些配件也是金属材质的,如:门牌号、门把手、水龙头开关、毛巾架、照明灯支架等。在清洁过程中,均需要定期清洁,保持其光亮、无水痕。

信息页 喷淋头污垢的清洁及金属材质的保养

(1) 喷淋头的污垢可用牙刷蘸清洁剂将物体缝隙处的水垢刷净，清水冲净后擦干。

(2) 金属材质的保养可以用擦铜水及金属上光剂，所使用的抹布质地应较柔软、表面平整。

(3) 对铜器进行擦拭、去除污渍时，应待擦铜水干后，用干净抹布反复擦亮铜器。擦拭不锈钢金属器皿时，方法与擦拭铜器一样。

(4) 操作时要将报纸或垫纸等铺在擦拭物品下的地毯上或贴在旁边的家具及墙壁上，以防止被擦铜水腐蚀。

(5) 擦铜水只能用于纯铜制品，镀铜制品不能使用。

(6) 卫生间的金属部件出现锈斑，如果是轻微的，可以用牙膏擦拭，效果较好。锈蚀程度较严重的，则可用金属抛光剂去除。

知识链接 工作车、客房清洁注意事项

一、工作车的清洁

(1) 客房服务员整理房间时，使用工作车可以降低劳动强度，提高工作效率。在工作车上要备齐房间需要更换和补充的各种用品，所以必须保证工作车的清洁。

(2) 用百洁布蘸上加水洗洁精擦拭车身，用清水擦净后擦干，然后待擦拭不锈钢油干后，将物品放回车上，车轮上的毛发也需及时清除。

二、客房清洁的周期

依据酒店的规模、档次和经营情况，可制定一周、一月、一季度或半年、一年不等的周期。

任务单 喷淋头污垢的清洁及金属材质的保养

判断题。

1. 翻转床垫应每月进行一次。( )

2. 电话听筒应当用清洁剂直接喷擦。( )

3. 清洁工作车就是用半湿的抹布将车身内外擦拭干净。( )

4. 擦铜水只能用于纯铜制品，镀铜制品不能使用。( )

5. 金属材质的保养可以用擦铜水及金属上光剂，所使用的抹布质地可任意选择。( )

6. 客房清洁的周期由酒店自行规定。( )

任务评价

学习目标		评价内容	组 内 互 评			组 间 互 评			教 师 评 价		
			😃	😐	🙁	😃	😐	🙁	😃	😐	🙁
知识	应知应会	1. 客房内的周期清洁									
		2. 卫生间的周期清洁									
专业能力	客房周期清扫	1. 铺褥垫									
		2. 清洁床垫									
		3. 翻转床垫									
		4. 电话的消毒									
		5. 喷淋头的擦拭									
		6. 金属材质的擦拭									
运作能力	组织能力										
	合作能力										
	解决问题能力										
	自我调节能力										
	创新能力										
态度	真心实意，主动热情 有问必答，通力合作										
评价总结											
改进方法											

客房安全(Security)是指客人在客房范围内人身、财产及正当权益不受侵害，也不存在可能导致侵害的因素。

客人在住店期间对客房的安全期望很大，对于在旅途之中或身处异国他乡的宾客来说，作为家外之"家"的酒店客房必须是一个安全的住所。因此，酒店有义务和责任为宾客提供安全与保护。安全是酒店各项服务活动的基础，只有在安全的环境中各种服务活动才能得以开展。但是，酒店也难免会发生人为或非人为的不可避免的意外事故。所以，酒店应加强对服务人员安全意识的培养，增强其紧急应变能力，以降低灾害发生时人员生命及财产的损失。

单元五
客房安全

任务一　特殊情况处理

工作情境

　　防火和防盗工作是酒店安全工作中最为重要的内容。酒店必须建立一套完整的预防措施和处理程序，防止火灾等事故的发生，以减少因此而带来的不良后果。酒店经常会发生各种各样的令人意想不到的事件，当然，对于饭店，尤其是星级酒店，应尽量避免发生停电、停水、意外伤害事故等事件。不过，如果发生了上述事件，服务员应设法提高自己的应变能力，灵活处理好各种突发事件。

具体工作任务

➢ 学会处理停电事故；

➢ 学会处理火灾事故；

➢ 学会处理客人意外伤害。

活动一　停电应急处理

　　停电事故可能是由外部供电系统引起的，也可能是由酒店内部设备发生故障所引起的。当突遇停电时，你该如何应对？

信息页　停电事故的处理

停电事故随时都可能发生，因此，酒店必须有应急措施。

(1) 保持镇定，不要慌张，不要乱跑乱挤，以免引起踩踏事故。

(2) 清理过道，将放在走廊上的工作车、吸尘器推到较近的空房中。

(3) 坚守岗位，采取措施采光(如拉开窗帘、使用小手电)。

(4) 向询问的客人做好解释工作，设法稳定客人的情绪，并劝客人不要离开房间。

(5) 在应急电源还没供上前，打开应急照明灯。

(6) 告诫客人不要在房间内点蜡烛等明火照明，防止出现火情。

(7) 及时打电话与客房中心联系，同时密切注意客人动态，做好宾客的安全保卫工作。

(8) 如果发现有客人被困在电梯内，要立即报告客房中心通知工程部解救。对要乘电梯的客人作出委婉的解释，并对被关在电梯里的客人进行安抚，请客人不要惊慌。事后要向客人表示歉意，赠送水果表示关心和安慰。

(9) 恢复供电后，应检查所属区域送电后的安全情况，对电器设备等做必要的检查。

(10) 平时要经常检查应急灯的插头、开关是否完好。

任务单 停电应急处理实训

案例分析。

案例：一位客人来退房，总台收银员小张正在给这位客人办理退房，核对夜审打印的宾客余额表，但因为酒店意外停电，只能给客人进行手工结账。由于宾客余额表是夜审在夜间过账后打印的，所以该客人的部分电话(一般在 24:00 后)计费无法统计。客人着急赶飞机，但考虑到应尽可能挽回饭店的损失，小张礼貌地向客人解释并请客人自报通话次数及通话时间。经客人自报并与总机核对后，很快办理了退房手续，没有耽误客人赶飞机。

问题： 小张的做法对吗？如果你是小张，你会怎么做呢？

活动二 火灾应急处理

俗话说水火无情，因此，消除隐患，防患于未然才是上策。一方面，我们要加强安全防范意识，另一方面要掌握服务安全知识。

信息页一 客房火灾发生的主要原因

导致酒店发生火灾的原因很多，大致有以下几种。

一、随意性吸烟引发火灾

(1) 客人躺在床上、沙发上吸烟，火星点燃床单或沙发。

(2) 乱扔烟头、火柴棍，引起地毯、沙发、床单、衣物及废纸篓等起火。

(3) 烟灰缸里有未熄灭的烟头，引起烟灰缸内可燃物着火。

(4) 在禁止吸烟的地方违章吸烟，引发火灾。

二、电线、电器设备引发火灾

(1) 由于电线短路、超载运行，产生电火花，引起周围可燃物起火。

(2) 电器设备故障、使用不当或质量差，发生爆炸，引起火灾。

三、其他原因导致火灾

(1) 客人带了酒精、汽油等易燃易爆物品进房，抽烟时不小心引燃，引起火灾。

(2) 员工违反安全操作规程，在客房内明火作业，引发火灾。

(3) 防火安全系统不健全等。

知识链接 常见酒店灭火设施

设 备 名 称	用 途 介 绍	使 用 方 法
消防栓	用水来扑灭火灾主要通过消防栓装置进行	打开消防柜，卸下出水口的堵头，安上消防栓接扣，接上消防水带，然后将水带甩开，拧开水闸门，将水送到火场
自动喷淋器	一般安在客房的天花板上	当室内温度达到花洒的启动温度时，会使花洒喷水口开放，水便喷到溅水盘上形成均匀洒水。洒水面积一般为 $10m^2$ 左右
干粉灭火器	适用于扑救石油及其制品、可燃液体、可燃气体、可燃固体物质的初期火灾，也可以扑灭电气设备的火灾	拔出保险销，挤压提把，将干粉对着火源外部，由外向内喷射
泡沫灭火器	适用于易燃液体起火。切勿用于扑救电走火	将灭火器颠倒握牢，使泡沫由外向内射向火源
1211 灭火器	主要用于扑救易燃、可燃液体、气体、带电设备等物质的初期火险。也可对固体(如竹、木、纸、织物)的表面火灾进行扑救。更适用于扑救精密仪器、计算机、珍贵文献及贵重物资仓库等处的初期火险等	拔去保险销，挤压压把，喷向火源根部

任务单一 火灾原因与应急

连线题。

火灾发生的主要原因	打开消防柜，卸下出水口的堵头，安上消防栓接扣，接上消防水带，然后将水带甩开，拧开水闸门，将水送到火场
自动喷淋器的用途	随意性吸烟、电线、电器设备引发的火灾
消防栓的使用方法	一般安在客房的天花板上

信息页二 预防客房火灾的措施

一切防火措施都是为了防止产生燃烧的条件，防止燃烧条件互相结合、互相作用。根据物质燃烧的原理，防火的基本措施一般如下。

(1) 在客房区域配置完整的防火设施设备。

(2) 建立安全用火、用电、用气管理制度和操作规程，落实到每个员工的工作岗位。

(3) 楼层通道及出入口必须保持畅通，不得堵塞。

(4) 客房内应有禁止卧床吸烟的标志、应急疏散指示图，楼道内有安全防火灯及疏散指示标志。

(5) 禁止客人携带易燃、易爆物品入客房。

(6) 不得在客房内自行安装电器设备，禁止使用电炉、电暖气等。提醒使用电熨斗的客人注意安全。

(7) 客房服务人员要结合上午做卫生、下午整理房间和其他服务等，随时注意房内的火源火种，如发现未熄灭的烟头、火柴梗要及时弄灭，用水浇湿后倒入垃圾袋内，以防着火。

(8) 楼层工作人员应经常检查，发现不安全因素，如短路、打火、漏电、超负荷用电等问题，应马上通知工程部派人检查处理。

(9) 熟悉各种消防设施和设备的存放地点。

(10) 训练每一位客房服务员掌握灭火设备的使用方法和技能。

知识链接 消防基础知识

防火工作是饭店客房安全保卫工作的重要内容。饭店服务员对消防基础知识应做到"三懂"和"四会"。

(1) 三懂：懂得本岗位发生火灾的危险性；懂得怎样预防火灾以及相应的预防措施；懂得灭火方法。

(2) 四会：会报警；会使用消防器材；会扑救初起火灾；会疏导宾客。

任务单二 预防火灾

请将下列空缺部分的内容补充完整。

1. 楼层_____及_____必须保持畅通，不得堵塞。

2. 禁止客人携带_____、_____物品入客房。

3. 楼层工作人员应经常检查，发现_____因素，如_____、打火、漏电、_____等问题，应马上通知工程部派人检查处理。

信息页三 火灾的处理

酒店是人员较集中的地方，且流动性很大。一旦发生火灾，往往会出现慌不择路的现象，加之烟雾弥漫和高温有毒，极易使人迷失方向，拥塞在通道上，造成秩序混乱，给疏散工作带来困难，并易造成重大伤亡。因此，当发生火灾时，应按照下面的方法进行应急处理。

(1) 保持沉着冷静，切忌惊慌失措；切断所有电源、气源，熄灭一切明火。

(2) 拨打酒店规定的报警电话或总机报警；必须迅速报告酒店总指挥，经总指挥同意后才能拨打 119 报警电话。

(3) 报警时讲清起火具体地点、燃烧何物、火势大小，以及报警人的姓名、身份、所在部门和岗位等。

(4) 如有可能，应先利用附近适合火情的灭火器材，如轻便灭火器、水枪等，有组织地扑灭初期火灾，阻止火灾扩散。

(5) 听到疏散信号，应迅速打开安全通道，引导客人疏散。

(6) 客人离开房间后要立即关上房门。

(7) 各层楼梯口、路口要有人把守，疏导客人，避免拥堵造成人员伤亡。

(8) 检查每个房间内是否有客人滞留，及时疏散，保证客人安全。

(9) 清点客人，防止遗漏。

(10) 安抚客人情绪，维持好现场秩序。

(11) 清点员工，保证每位员工的安全。

(12) 保护现场，如实向有关部门反映情况。

任务单三 火灾的处理实训

案例分析。

案例 1：福州市某酒店大火

2005 年，福州市某酒店突发大火，5 名住店旅客从着火的 10 楼窗户跳下逃生，结果 3 人当场身亡，2 人落在楼下一辆面包车顶上摔成重伤。该酒店 10 楼一服务员称，起火的具体位置在该层 1001 房间，火势很快蔓延到楼层的南向面。当时起火房间里共有 5 名男子，一起跑到窗边呼救，没想到随后火焰太猛无法逃生，情急之下跳楼。

案例 2：哈尔滨市某酒店特大火灾

2003 年，哈尔滨市某酒店发生特大火灾事故，死亡 33 人，伤 10 人，直接财产损失 158 393 元。后查明起火原因系该酒店工作人员在取暖煤油炉未熄火的状态下加注溶剂油，引起爆燃导致火灾。

问题：针对上述两个案例的情况，请运用所学的防火救灾知识阐述正确的处理方法。

活动三 **客人意外伤害处理**

客人入住酒店,在日常生活中,难免有一些磕磕碰碰,如在下雨、卫生间地面湿滑、洗澡间水温失衡、地毯不平等条件的影响下,滑倒、摔跤、烫伤、割伤等,造成不同程度的伤害。对此,在客人受到伤害后,酒店应立即采取救护措施,让客人能感受到家一般的温暖。

信息页一 住客受伤的处理

(1) 如果发现客人受伤,应立即上前安慰客人,稳定受伤客人的情绪,并要马上征询客人意见是否需要去医院。

(2) 查验客人伤势,注意观察伤情变化,在医生到来后告知伤情。

(3) 如果情况紧急(如溺水、出血不止),服务员应利用所掌握的急救知识立即组织抢救。

(4) 如有必要应立即通知有关部门及相关负责人,并维护好现场秩序。

(5) 等候大堂值班经理及保安部人员到场做进一步的处理。

(6) 根据客人的伤势情况,由医务人员向伤者提出合理化建议,如需到医院治疗,由前厅部大堂副理安排专人护送客人,并安排人员留守。

(7) 对因酒店原因造成伤害的客人,主管或经理应备上慰问品到客人房间探视慰问,对所发生的事情向客人表示歉意。

(8) 如果是设备原因给客人造成的伤害,还应立即通知维修部门对房间设备进行检查维修。

(9) 在服务上给予受伤客人特殊照顾,视情况进房间问候,询问客人在服务上是否有其他需要。

(10) 对事情发生的经过应做好记录,查明事故发生的原因,从中吸取教训,防止类似事件再次发生。

任务单一 住客受伤的处理

一、住店客人生病应如何服务?

二、客人在酒店内滑倒摔伤后,伤情比较严重,该如何处理?

一、触电

(1) 发生触电事故后，应尽快帮助触电者脱离电源，但需注意的是，抢救者应注意自己的安全。

(2) 用木棒、竹竿、干绳子等绝缘物拉开电闸或关闭电源开关。

(3) 当触电者脱离电源后，对轻症神志仍清醒者，就地休息1～2小时，减轻心脏负担，加快恢复，并迅速通知当地医务人员进行人工呼吸，使心肺复苏，并不间断地进行，直至进入医疗机构进行二级急救为止。

二、刀伤

(1) 刀伤分为切伤和割伤，无论程度如何、出血多少都不可轻视，因为有了伤口就极易引起细菌感染，所以，一切处理用具必须是经过消毒的，即使应急所用的也应是干净的。

(2) 一般可用压迫止血法，用纱布或干净手巾绑扎伤口近处，以减少血流量，绑扎不能过松，否则达不到减流效果，而太紧则会导致组织坏死。

(3) 如伤口不干净，可用凉开水进行冲洗，然后再包扎伤口。

三、自然灾害

(1) 自然灾害包括水灾、地震、飓风、龙卷风、暴风雪等，常常是不可预料或无法抗拒的，因此极易引起客人的恐慌。作为酒店服务人员应以轻松的心情、沉着的态度来稳定客人的心情，同时客房部应做好相关的安全计划。

(2) 防止自然事故发生的很重要的一项工作就是消除不安全隐患。酒店应具备各种应对自然灾害的设备器材，并定期检查，保证其处于完好的使用状态；在日常工作中发现问题要及时汇报，及时处理，对不安全隐患要立即排除，落实好安全责任制。

任务单二 住客其他意外事故的处理实训

案例分析。

案例：3月31日20:00，前厅部经理接到大堂副理的报告，称二楼有紧急情况。大家到现场后发现2518房客人躺在二楼餐饮区域的大理石地上，神志不清，不停呕吐。身上、头发上沾满了呕吐物，强烈的酒气刺激着每个人的嗅觉。前厅部经理与大堂副理、保安、行李员一起动手将客人抬上轮椅，送到房间，让他休息，并叮嘱客人同伴如情况不见好转立即与大堂副理联系。不久，2518房客人的同伴张先生来电话叫大堂副理过去，说情况更加严重了。在征得张先生的同意后，前厅部经理当机立断，让大堂副理打120急救，说明酒店地址、客人病情、房间号、联系方式，并在大堂等候急救车，以便引领。很快，闪烁着蓝灯的白色救护车呼啸着来到酒店正门。医院的担架上不了电梯，2518房离大堂又较远，前厅部经理、大堂副理与医生、行李员、保安员到房间再次用轮椅将仍在剧烈呕吐的客人送到大堂，把浴巾垫在客人头下吸取呕吐物，提醒客人同伴带好随身物品，并通知客房中心立即打扫 2518 房。前厅部经理与 2518 房客人的同伴张先生交换名片，以便保持联系。救护车走后，大家才发现行李员、保安员的上衣沾满了客人的呕吐物。

深夜，从医院传来消息，2518 房客人脱离了危险，其爱人也及时到医院护理。酒店员工们这才把心放下。次日，2518 房客人的爱人来酒店结账，并表示由衷的感谢。

问题：请分析这则案例中服务人员对所发生的事故都采取了哪些正确的处理方法？

任务评价

学习目标		评价内容	组内互评			组间互评			教师评价		
			😀	🙂	😕	😀	🙂	😕	😀	🙂	😕
知识	应知应会	1. 客人意外受伤的处理									
		2. 其他意外事故的处理									
		3. 客房火灾发生原因									
		4. 火灾的预防与处理									
专业能力	熟练掌握客房安全	1. 能够处理意外伤害									
		2. 能够处理火灾									
运作能力	组织能力										
	合作能力										
	解决问题能力										
	自我调节能力										
	创新能力										
态度	真心实意，主动热情 有问必答，通力合作										
评价总结											
改进方法											

任务二　职业安全知识

工作情境

　　在客房服务工作中，我们不仅要保证客人的安全，同时还要注意自己的安全，这就要求我们在工作中，一定要遵守操作规范，严格执行工作纪律，熟悉服务现场的各种设备，发现各种隐患或可疑情况，要及时请示，报告领导。

具体工作任务

➢ 了解操作过程中事故发生的原因及掌握事故处理的方法；

➢ 掌握员工操作安全的要求。

活动一　操作过程中发生事故的原因

　　据统计，80%的事故都是由于服务员安全工作意识淡薄、不遵守操作规程、违反劳动纪律、工作不专心、精神不集中等原因造成的，只有20%是由设备原因所致。

信息页　操作过程中发生事故的原因及处理方法(如表 5-2-1 所示)

表 5-2-1　事故发生的原因与处理办法

事故发生的原因	处 理 方 法
1. 员工的危险行为因素	1. 及时将情况向上级领导报告，听候处理意见
(1) 进房间不开电灯	2. 根据伤势情况，酒店应立即采取措施，如送酒店医务室或医院进行及时的治疗
(2) 把手伸进垃圾桶里	
(3) 清洁浴室时没有注意到洗脸台上的刮胡刀	3. 查明致伤原因
(4) 挂浴帘时不使用梯形凳，而是站在浴缸的边缘上	4. 尽快通知家属
(5) 行动匆忙或走捷径	5. 对造成的隐患应及时处理，以免其他人员再次受到类似的伤害
(6) 抬举重物的方式不恰当	
(7) 忽视安全指示、警告或守则	6. 服务员应写出工伤经过，为日后事故处理作准备
(8) 不懂装懂，满不在乎	
(9) 注意力不集中，操作时心不在焉	

(续表)

事故发生的原因	处理方法
2. 工作环境不安全因素	
(1) 楼层通道乱堆放杂物	
(2) 地面上有水或油污	
(3) 安全防护装置失灵	
3. 工具或设备操作维护不当因素	

任务单 操作过程中发生事故的原因及处理办法实训

一、在客房服务工作中，能够引发工伤事故的原因有哪些？

二、作为一名客房服务员，为了保证自身安全，预防工伤事故的发生，应该怎样做？

活动二　员工安全操作须知

信息页 安全操作须知

　　作为一名合格的工作人员必须清楚地了解工作中的安全要求。为避免工伤事故的发生，服务员在工作中必须做到以下几点。

　　(1) 工作中应留意是否有危险状况，发现隐患及时排除。

　　(2) 不可将手伸进垃圾桶，以防被尖物刺伤。

　　(3) 地面有水、油污要及时抹干。

　　(4) 爬高、举重物注意姿势，爬高要用梯架，高空作业要系安全带。

　　(5) 客房清扫时，门要敞开。

　　(6) 工具要靠边靠墙放，线要收好，以防绊倒。

　　(7) 玻璃、镜子破裂要先用强力胶纸贴住，尽快更换，家具不稳要维修、有钉子要及时去除。

(8) 制服裤子太长要修短。

(9) 使用清洁剂要用橡胶手套；清洁剂、杀虫剂要与食品分开放。

(10) 小心使用化学药水。

(11) 绝对禁止带电作业。

(12) 强化员工的自我防护意识：客房服务人员大多数都是女性，在工作中还要有自我保护意识，对客人既要彬彬有礼，热情主动，也要保持一定距离。

① 客人召唤入房时，要将房门打开，对客人关门要保持警惕，客人邀请时不要坐下，更不要坐在床上。

② 尽量找借口拒绝客人邀请外出。

③ 不要轻信和陶醉在客人的花言巧语中而失去警戒。

任务单 安全操作须知

请将下列内容填写完整。

1. 不可将手伸进_____，以防_____刺伤。

2. 工具要_____放，_____要收好，以防绊倒。

3. 绝对禁止_____作业。

4. 客人召唤入房时，要将_____打开，对客人关门要_____，客人邀请时不要坐下，更不要_____。

5. _____破裂要先用强力胶纸贴住，尽快更换，家具不稳要维修、有钉子要及时去除。

6. _____太长要修短；使用_____要用橡胶手套。

任务评价

学习目标		评价内容	组 内 互 评			组 间 互 评			教 师 评 价		
			😊	🙂	😞	😊	🙂	😞	😊	🙂	😞
知识	应知应会	1. 熟知安全须知									
		2. 准时并有所准备地参加团队工作									
		3. 熟知操作事故发生所造成的原因									
		4. 熟练掌握事故处理方法									

(续表)

学习目标		评价内容	组内互评			组间互评			教师评价		
			😀	🙂	😟	😀	🙂	😟	😀	🙂	😟
专业能力	掌握职业安全知识	1. 能够掌握安全知识									
		2. 能够灵活处理事故									
运作能力	组织能力										
	合作能力										
	解决问题能力										
	自我调节能力										
	创新能力										
态度	真心实意，主动热情 有问必答，通力合作										
评价总结											
改进方法											

参 考 文 献

[1] 中国酒店员工素质研究组编著. 星级酒店客房部经理案头手册(第 1 版). 北京：中国经济出版社，2008

[2] 滕洪宝主编. 客房服务员(第 1 版). 北京：人民邮电出版社，2008

[3] 叶秀霜，沈忠红主编. 客房运行与管理(第 1 版). 杭州：浙江大学出版社，2009

[4] 姜倩编著. 客房服务(第 3 版). 北京：中国劳动社会保障出版社，2007

[5] 宋俊华，曲秀丽主编. 客房服务与管理. 北京：中国铁道出版社，2009

[6] 程新友编著. 酒店管理新思维. 北京：北京大学出版社，2007

[7] 范运铭，支海成主编. 客房服务与管理(第 2 版). 北京：高等教育出版社，2006

[8] 曲秀丽主编. 客房服务与管理. 北京：中国铁道出版社，2009

[9] 张杰. 客房服务员(初级技能 中级技能 高级技能). 北京：中国劳动社会保障出版社，2004

[10] 张杰，刘伟. 客房服务员(基础知识). 北京：中国劳动社会保障出版社，2004

[11] 支海成. 客房服务员(初级). 北京：中国劳动社会保障出版社，2001

[12] 支海成. 客房服务员(中级). 北京：中国劳动社会保障出版社，2000

[13] 支海成. 客房服务员(高级). 北京：中国劳动社会保障出版社，2001

[14] 赵荣凯. 客房服务基本技能. 北京：中国劳动社会保障出版社，2004

[15] 范运铭. 客房服务员实战手册. 北京：旅游教育出版社，2006

《中等职业学校酒店服务与管理类规划教材》

《咖啡服务》

荣晓坤 主编 林静 副主编
ISBN：978-7-302-25950-3

《中餐服务》

王利荣 主编
ISBN：978-7-302-25473-7

《前厅服务与管理》

姚蕾 主编
ISBN：978-7-302-26054-7

《西餐与服务》

汪珊珊 主编 刘畅 副主编
ISBN：978-7-302-25455-3

《康乐与服务》

徐少阳 主编 李宜 副主编
ISBN：978-7-302-25731-8

《中华茶艺》

郑春英 主编
ISBN：978-7-302-26234-3

《葡萄酒侍服》

姜楠 主编
ISBN：978-7-302-26055-4

《雪茄服务》

荣晓坤 汪珊珊 主编
ISBN：978-7-302-26958-8

《调酒技艺》

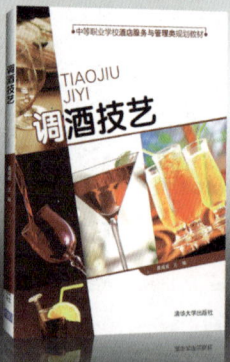

龚威威 主编
ISBN：978-7-302-25729-5

《酒店花卉技艺》

王秀娇 主编
ISBN：978-7-302-26345-6

《会议服务》

高永荣 主编
ISBN：978-7-302-26605-1

《客房服务》

赵历 主编 孙建辉 副主编
ISBN：978-7-302-26871-0

《酒店服务礼仪》

王冬琨 主编 姚卫 副主编
ISBN：978-7-302-27438-4